本丛书得到何东先生独资赞助

This series of books is financially supported exclusively by Mr. Eric Hotung.

20世纪中国文物考古发现与研究丛书

# 马王堆汉墓

何介钧／著

文物出版社

一 马王堆2号汉墓出土"利苍"、"轪侯之印"和"长沙丞相"印章

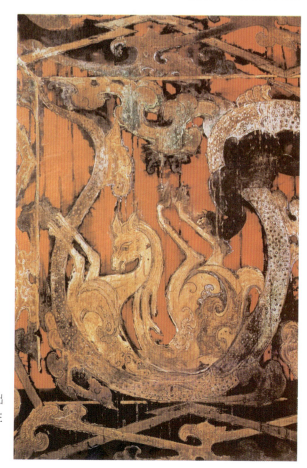

二 马王堆1号汉墓出土彩绘朱地漆棺左侧板漆画（局部）

三　马王堆 3 号汉墓
　　棺室西壁《车马
　　仪仗图》帛画
　　（局部）

四　马王堆 3 号汉墓
　　出土彩绘双层长
　　方形漆奁

五.　马王堆 1 号汉墓
　　出土彩绘木瑟

六　马王堆1号汉墓出土印花敷彩丝绵袍

七　马王堆汉墓出土信期绣（局部）

八　马王堆汉墓出土乘云绣（局部）

*20世纪中国文物考古发现与研究丛书*

# 序 / 张文彬

俗称"锄头考古学"的田野考古学的诞生以及中国考古学学科体系的基本完善，由此而引起的古物鉴玩观赏著录向科学的文物学的转变，是20世纪中国学术与文化界的大事。它从材料与方法两个方面彻底刷新了持续了数千年之久的中国古代史学传统，不但为中国学术界和文化界开拓出更加广阔的研究天地，也为一切关心中华民族悠久历史和灿烂文明的人们不断地提供了可贵的精神滋养和力量源泉。

仰古、述古、探古，进而考古，向来为我国传统文化中一个明显的学术特点。先秦时期诸子百家发其端，汉代司马迁撰写《史记》，北魏郦道元作注《水经》。他们对相关的遗迹遗物，尽可能地做到亲自考察和调查，既能辨史又可补史。这种寻根追源的治学态度，为后世学术上的探古、考古树立了榜样。此后，山河间的访古和书斋式的究古相继开展，特别是对古器物的研究，成了唐、宋时期的文化时尚。不少学者热衷于青铜铭文、碑刻、陶文、印章等古文字的考释，进而有了对器物的辨伪鉴定、时代判断、分类命名等，逐渐兴起了一门新的学问——金石学，涌现出许多著名的古器物鉴赏家和收藏家。只是囿于当时的历史条件，金石学家们无法了解所见文物的出土地点和情况，也难以涉及史前时代漫长的演进历程，因而长期以来始终脱离不了考证文字和证经补史的窠臼。即使如此，他们的艰辛努力和取得的成绩，还是为推动我国传统文化的发展起到了积极作用，并且在事实上也为中国考古学和中国文物学的起步铺设了最早的一段道路。

20世纪初，近代考古学由西方传入。中国学者继承金石学的研究成果，学习并运用西方考古学方法，开始从事田野考古，通过历史物质文化遗存，探寻和认识古代社会，揭示人类社会发展规律。早在1926年，中国学者就自行主持山西南部汾河流域的调查和夏县西阴村史前遗址的发掘。随后，我国学者同美国研究机构合作，有计划地发掘周口店遗址，发现了北京猿人。从1928年起至1937年，连续十五次发掘安阳殷墟遗址，取得了较大收获，引起了国内外学术界的重视。自20世纪50年代以后，随着国家大规模经济建设的进行，田野考古勘探、调查和科学发掘工作在全国范围内蓬勃有序地开展，许多重要的典型遗址和墓地被揭露出来，重大发现举世瞩目。它们脉络清晰，层位分明，文化相连，不仅弥补了某些地域上的空白，而且衔接了年代上的缺环，为研究中国古代史、文化史、科学史以及其他学科领域，提供了珍贵、丰富的实物资料，极大地影响着人文社会科学诸多学科专业的研究与发展。这段时间被学术界称为中国考古学的黄金时代。在马列主义理论指导下，具有中国特色的考古学理论体系和方法论逐渐形成。有关研究成果不仅极大地改变和丰富了人们对中国文明起源、中国古史发展等重大问题的认识，同时也扩展了中国文物的研究领域和研究方式。可以说，考古学的发展与进步，直接影响到文物学的形成与发展，而且影响到全社会对文化遗产重要作用的认识以及世界学术界对中国古代文明的重新认识。

从 20 世纪 80 年代开始，文物界就中国文物学的创立，逐渐取得共识，在共同探讨的基础上，初步形成了学科体系。不少学者发表了有关论文，出版了专著，就文物的历史价值、科学价值、艺术价值以及在社会主义的物质文明与精神文明建设中如何对文物进行有效保护、合理利用发表意见。这些研究成果已获得学术界的赞同。

在这世纪之交和千年更替之际，对中国考古学和中国文物事业作一次世纪性的回顾和反思，给予科学的总结，是许多学者正在思考和研究的问题。如果能通过梳理 20 世纪以来重大发现和研究成果，透视学科自身成长的历程，从而展望未来发展的方向，以激励后来者继续攀登科学高峰，无疑是一件很有意义的事。为此，经过酝酿、商讨和广泛征求意见，我们约请一批学者（其中有相当多的中青年学者）就自己的专长选择一个专题，独立成篇，由文物出版社编辑出版一套《20 世纪中国文物考古发现与研究丛书》，并以此作为向新世纪的献礼。

从某种意义上说，《20 世纪中国文物考古发现与研究丛书》是一套学科发展史和学术研究史丛书。其内容包括对 20 世纪考古与文物工作概况的综合阐述；对一些重要的考古学文化和古代区域文化研究情况的叙述；对文物考古的专题研究；对重要的文物考古发现、发掘及研究的个例纪实。

此套丛书的内容面广，而且彼此关联。考虑到各选题在某些内容上难免会有重叠或复述，因此在编撰之初，我们要求各选题之间互有侧重，彼此补充，以期为读者了解 20 世纪中国考古学和文物学的发展提供更多的视角。

我国的文物与考古工作，虽在 20 世纪得到了迅速发展，但仍有许多重大学术问题需要进一步探索。我们主持编辑这套丛书，除了强调材料真实，考释有据，写作态度严谨求实外，也不回避以往在工作或研究上曾经产生的纰漏差错和不足之处，以便为今后的工作和研究提供借鉴。虽然我们尽了很大努力，但限于水平，各篇仍很难整齐划一。由于组稿和作者方面的困难和变化，一些计划之中的题目也未能成书。这些不周之处，敬请专家、学者和广大读者批评指正。

在丛书编印过程中，我们得到了文物、考古界的广泛支持。何东先生在出版经费上给予了热情帮助。在此，一并深表感谢。

2000 年 6 月于北京

# 目　　录

# 插 图 目 录

前　言

　　长沙马王堆汉墓的发现，是我国考古工作的一项极其重要的成就。

　　值得庆幸的是，作为一名考古工作者，我有缘参与了彪炳考古史的马王堆汉墓的发掘、整理和研究工作。对于周总理关于马王堆汉墓发掘与研究的多次书面和口头指示，至今铭记在心，成为促使自己一辈子献身于考古事业的强劲动力。

　　马王堆在长沙市东郊五里牌外，距市中心约8公里，距长沙火车站约4公里，现属市郊马王堆乡（图一）。马王堆是浏

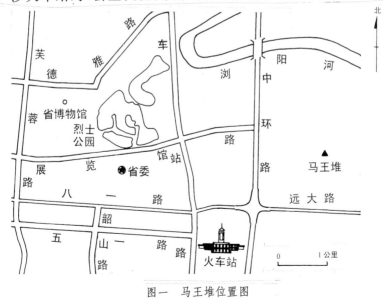

图一　马王堆位置图

图二　马王堆外景

阳河下游冲积平原中的一个呈北东—南西向延伸的椭圆形小台地，长约 500 米，宽 230 米，高出浏阳河平均水位近 15 米。湘江及浏阳河河流阶地的研究表明，它属浏阳河的第三级阶地。由于浏阳河的河道变迁，该台地长年受到河流冲击，成为四面被第一级阶地包围的"离堆山"。在其西南角，有两个相互毗连高约 20 米的土冢，东边发现马王堆 1 号墓，西边发现 2 号墓。3 号墓的封土堆几乎全被 1 号墓的封土所覆盖，外表上很难看出痕迹，所以过去一直以为这里只有两个墓葬（图二）。1、2 号墓的封土堆从远望去，呈马鞍形，因此又叫"马鞍堆"。1952 年，中国科学院考古研究所和湖南省文物管理委员会联合进行调查，确认这里是一处大型汉墓群。1961 年由湖南省人民政府公布为省级文物保护单位，并树立保护性标志。1971 年解放军某医院在此处进行战备施工，在院内外挖了不少防空掩体，当时也在马王堆土丘下挖掘了一个大型洞穴。当挖到 18 米深时出现了白膏泥，并且冒出了呛人的气体，点燃火柴，竟燃起了一团蓝中带红的火球，医院遂将这一情况上报有关部门。当年 12 月 30 日，湖南省博物馆得知这一消息后，当即报告国务院图博口，希望能进行发掘。得到同意后，1972 年 1 月 16 日对马王堆 1 号墓的发掘正式开始。发掘工作主要由湖南省博物馆负责，长沙市多所大、中学校的学生以及驻长沙的解放军战士也参加进来，同时发掘工作还得到了长沙市一些厂矿在机械设备和物质方面的支持。4 月中旬，墓坑内的木椁盖板露出，确认该墓虽有盗洞，但尚未曾影响棺椁，因此保存完整。为加强技术力量，4 月 20 日图博口派中国科学院考古研究所王予、白荣金来长沙协助清理椁内器物，派中国文物保护研究所王丹华、胡继高等负责指导出土器物的保护工作。4 月 27 日，器物清理完毕，开始揭棺室内的第一、二、三层棺盖板，发现内棺（即第四层棺）保存极好，立即将内棺吊起运回博物馆。次日，内棺开启，惊喜地发现了保存极为完好的女尸。至此，田野工作结束，转入室内清理和文物保护、保养阶段。不久后，墓中的出土文物和女尸公开展览，长沙市出现了万人空巷争睹国宝的盛况。随着消息公布，轰动了国内外，马王堆汉墓的发掘成了当年世界最大的新闻之一。

　　古尸经过第一阶段的防腐处理后，决定进行解剖研究。1972 年 12 月 10 日至 14 日，以湖南医学院的教授和专家为主，对古尸进行了成功的解剖，由此获得了极其重要的研究资料。

　　1973 年 9 月，国务院批准了《关于发掘马王堆 2、3 号墓的请示报告》。11 月 18 日，2、3 号汉墓的发掘开始。12 月 14

日，清理完 3 号墓椁箱中的文物，其中大批帛书是最有价值的发现。1974 年 1 月 13 日，马王堆 2 号墓发掘结束。由于多次被盗，棺椁坍塌，大量文物毁坏，但在泥渣中筛洗出"长沙丞相"、"利苍"、"轪侯之印"三枚印章，对于确定墓葬年代和墓主身份，起到决定性的作用。至此，马王堆轪侯家族的三座墓葬的发掘工作圆满完成。

在马王堆汉墓发掘和研究的过程中，始终得到周恩来总理的关怀。他曾多次作过书面和口头指示，并亲自组织了文物考古与有关科学部门的配合协作，从而使发掘及相关学科的系统研究工作得以顺利完成。

# 一

## 规模宏大的贵族墓葬

## （一）三座汉代木椁墓

马王堆汉墓规模宏大，墓葬由封土、墓道、墓坑和墓室四部分组成。1 号墓现存封土顶至现地表约 16 米，封土堆高 4～5 米，底径约 50 米。封土堆系黄砂土，与此处原生网纹红土不同。封土下半部稍经夯打。墓口有稍往外伸延的白膏泥层，厚 20 厘米，俗称为"平盘"。墓口南北长 19.5 米，东西宽 17.8 米，呈长方形。从墓口向下有四层台阶，每层向内收缩。第一层台阶长 16.8 米，宽 15.42 米；第二层长 14.64 米，宽 12.8 米；第三层长 12.54 米，宽 10.45 米；第四层长 10.34 米，宽 8.45 米。每层台阶的高度为 1～1.15 米。台阶平整光滑。第四层台阶以下作斗形坑壁。在距墓底 3.8 米处向四壁各掏入 30 厘米，形成南北长 7.6 米、东西宽 6.7 米的墓室，用以置放椁室。从墓口至墓底深 16 米（图三）。墓口之下的台阶，在战国和汉代墓葬中多有发现，有多达九层、十一层，甚至十五层的。有人推测这用以反映等级身份，但似不尽然。估计其作用主要是因墓坑过深，加上墓坑从筑成至使用，很容易坍塌，所以修筑台阶，扩大墓口，便于建筑，更有利于墓坑的维护。

墓道正北，因被现代建筑阻断，仅能了解接近墓坑的一段。墓

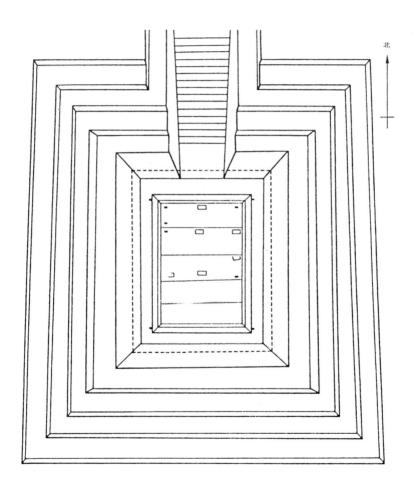

北

图三 1号墓墓坑俯视图

道上口宽 5.4 米，距上口 2.2 米处设有二层台，两侧壁各向内
收缩 90 厘米，形成 3.6 米的宽度。两壁稍内斜，至底部宽
2.1～2.3 米。墓道上部作阶梯形。在距墓坑 2 米处改为斜坡，
并平铺一层树皮。墓道坡度 32 度，高于椁顶 70 厘米。

3 号墓的形式与 1 号墓相似。其墓口之上的原封土仅存 2
米多厚。再上压着封于 1 号墓墓口的白膏泥层和厚 2.5 米至
4.5 米的黄色土，即 1 号墓的封土堆。墓口南北长 16.3 米，
东西宽 15.45 米。墓口以下有三层台阶，每层四边均向内缩 1
米。再下是斜收的坑壁，直达墓底。从墓口至墓底深 11 米。
墓底长 5.8 米，宽 5.05 米。墓道位于墓坑北壁正中，为斜坡
式，坡度为 19 度。在墓道东西壁与墓坑第二级台阶基本齐平
的高度上，有对峙的一对偶人。墓道被修筑 1 号墓墓坑时截
断，墓道西壁的偶人也在构筑 1 号墓时被破坏了右臂，头亦不
存（图四）。

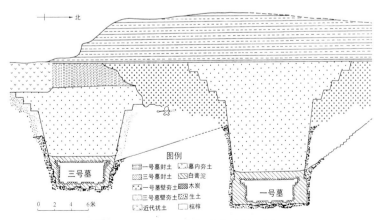

图四　1、3 号墓打破关系剖面图

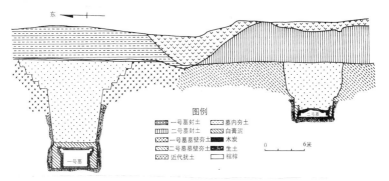

图五 长沙马王堆1、2号墓打破关系图（南侧剖面）

图例

一号墓封土　　墓内夯土
二号墓封土　　白膏泥
一号墓墓壁夯土　木炭
二号墓墓壁夯土　生土
近代扰土　　　棺椁

0　　　6米

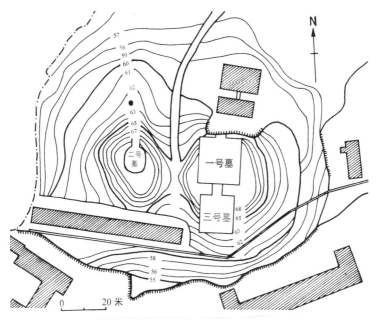

图六 长沙马王堆1、2、3号墓位置图

0　　20米

　　2号墓在1号墓的正面，现存封土高6米，底径31.5米。两个土冢呈马鞍状毗连。1、2号墓墓口之间最近距离23米。2号墓的封土堆被1号墓的西壁打破（图五）。2号墓墓坑规模与3号墓相似，但其形制又非常特别。它的墓口距现地表16米，上部形状是不规则的椭圆形，南北长径11.5米，东西短径8.95米。墓口下没有台阶，直壁往下13米之后进入墓室。墓室深3米，长7.25米，宽5.95米，为长方形。因此，墓坑从上到下形成一个上圆下方的特殊形状。这在现有考古资料中十分罕见（图六）。有人认为其立意是象征天圆地方，但并没有充分的证据能令大家信服。墓坑正北设斜坡式墓道。在墓道东西壁同样设有对峙的两个偶人，踑坐，头插鹿角，用木块和草绳制作，外敷草和泥土，高分别为1.18米和1.05米。

　　这三座墓均建造在坚硬如石的第四纪网纹红土之中。其修造程序，推测先是在原来的低矮的土丘上挖出墓坑下半部，然后用版筑的方式夯筑出墓坑上半部和台阶，再挖出墓道。1号墓墓壁断面上可以清楚地看到，在距墓底高8.8米处为生土和人工夯筑土的分界线：其上为积土版筑，土色黄褐，其下为生土挖坑。3号墓在清理时，工作人员发现东壁横着打入三排呈品字形排列的木桩。这显然是为了能够在版筑时加强墓壁的强度。三座墓的墓主在下葬时，均在墓底铺上一层白膏泥和木炭，再把棺椁安置在墓室正中。棺椁的四周和顶上填筑1米多厚的白膏泥，在白膏泥之上，填土夯实。其作法是填一层土打一层夯，每层厚度大约是40～50厘米，直至填到和墓口齐平。在墓口之上，再积土稍加夯打，成为封土堆。这种构造方法，在史书上叫作"穿，复土，起冢"（《汉书·霍光传》）。

　　马王堆三座墓葬的土方（包括墓坑填土、坑壁培筑土和封土）估计在6万立方米以上。在3号墓填土中，发现了两件非常难得的古代生产工具：一件完整的铁口木臿和一只残破的竹筐。木臿全长139.5米厘米，重约1.5公斤。铁口呈凹字形，经鉴定为铸铁。臿柄和臿面（木叶）之间用一整块化香树料制成。臿面窄长，适合切挖膏泥、塘泥等板实的粘土。臿面上清楚地刻着一个"五"字，似为工具的编号。盛土的竹筐古代叫"篑"，也就是成语"功亏一篑"中的"篑"。此筐口径约43厘米，用楠竹青篾编成，筐口边沿上有两个绞篾提手。夯筑填土的夯锤在2号墓填土中发现，是用铸铁制成，至今未生锈。它像一个口大底小的圆筒，上面应是装着长木柄，以便手执。夯锤底部直径5.5厘米，和1、2、3号墓填土中看到的一层一层的夯窝直径相同。

马王堆汉墓的棺椁，结构复杂，大致由枕木、椁室、棺三部分组成。以1号墓为例，在墓坑底部横置着三根巨大的枕木，枕木之上是庞大的椁室。椁室由内、外壁构成头、足和左右四个边箱，内壁内则是一个较大的棺室。四个边箱用以放置随葬器物，中间的棺室用以放置重重相套的棺材。这种木椁的构造和形式，沿袭着春秋战国时代的传统，在文献上称作"井椁"，意指其形状像一口方井（图七）。1号墓的木椁，全部用粗大的木料制成，长6.72米，宽4.88米，高2.8米。四个边箱和棺室上面，各处铺盖着较薄的隔板，再上是很厚的两层盖板，上下两层盖板的四周都加围一个边框。上层盖板由五块用边搭榫组合，下层盖板由四块用边搭榫组合。木椁所有的木板全是整块木料。最大的一块木板长4.88米，宽1.52米，厚0.26米，重1500多公斤。经江西木材研究所鉴定，所有椁板用材均为杉木。从树的年轮分析（仅是利用心材部分），估

图七　1号墓棺椁的结构图（上，横剖面；下，纵剖面）

图八　3号墓棺椁结构图（上，横剖面；下，纵剖面）

计树原先直径至少有 2 米。仅 1 号墓的木椁，现有板材即达
50 多立方米，当初耗费的原木少说也在 200 立方米以上。木
椁的上上下下严密平整。全椁七十块木板，木枋之间，未用一
根金属嵌钉，而全用扣接、套榫与栓钉方式结合而成。其中扣
接又可细分为边缘扣接、对角扣接、底部槽口扣接和边搭榫
（子母口）扣接等四种；套榫则分为明榫和暗榫两种；栓钉结
合可分为"落梢榫"和"四角落暗榫"两种。在没有现代施工
设备，甚至还未能使用刨和大锯的汉代初年，仅凭斧斤锛凿来
完成，实在是十分难得。

　　3 号墓的木椁，形式结构与 1 号墓大体相同，只是规模稍
小。它长 5.6 米，宽 4.25 米，全部板、枋均为整块杉木制成
（图八）。2 号墓的棺椁已全部坍塌且严重腐朽，仅能判断为一
个椁室和二重棺，至于尺寸和结构已无法准确推算和复原。

　　1、3 号汉墓的四个边箱均以北边箱即头箱最大。1 号墓头
箱长 2.96 米，宽 0.92 米。其余东、西、南三个边箱大小相
同，长 2.96 米，宽 0.46 米。其宽度正好是头箱的一半，而长
度则相同。四个边箱总面积 6.8 平方米，深 1.44 米，总容量
为 9.79 立方米。椁室边箱的布局，从一定意义上说是模拟贵
族的宅第。头箱应是象征主人生前居住和活动的场所，四壁张
挂着丝织品的帷幔，这大概就是贾谊《上疏陈政事》中所说的
"富民墙屋被文绣"。头箱底部铺着竹席，中间部位陈放着宴享
用品，西部陈放着起居用具，东部有着衣女侍俑、着衣歌舞俑
和彩绘乐俑。东、南边箱当是管家、奴婢居住的地方。东边箱
放置了一个高冠木俑和五十五个彩绘立俑（图九），又有 80%
的漆器和部分陶器以及少量竹笥，三百一十二支记载随葬
物品的"遣策"竹简也放在这里。南边箱放置了一个高冠木俑

图九 1号墓东边箱中部木俑出土情况

图一〇 1号墓西边箱南部大扇及竹笥出土情况

和三十九个彩绘立俑，又有将近一半的陶器以及部分漆器和竹笥。西边箱大概象征库房，三十三个竹笥一层叠着一层也堆放在这里（图一〇），另外还放置着十多万枚泥质冥币（即泥"半两"和泥"郢称"）。四个边箱层层叠叠堆满了器物，计有漆器一百八十四件、陶器五十一件、木俑一百六十二个、竹笥四十八个、各类丝麻织物一百余件、乐器和其他竹木杂器一百余件（图一一）。3号墓头箱中部偏东处加设一个门框，分成两个部分。箱壁同样悬挂帷幔。箱内置放着兵器架、各式兵

北

0        50厘米

图一一   1号墓随葬器物分布图之一

器、明器编钟、编磬、竽、筑、漆几、六博、屏风、薰炉等，还有全部着衣歌俑十二个、着衣舞俑八个、着衣女侍俑四个和象征谒者的皂衣俑二个。这无疑是将头箱当作墓主人生前的前堂。其他三个边箱则主要放置漆木器、竹笥，另有少量木俑。东边箱还出土了纪年木牍。想来这几个边箱与 1 号墓东、西、南三个边箱具有同样的功能。在 3 号墓随葬品一千一百余件（组）中，包括有漆器三百一十六件、木俑一百零六个、竹笥五十二个、竹简六百余支，还有帛书、帛画、兵器等。1、3 号汉墓随葬品如此丰富，但既不见金银，也不见珠玉，仅各出了一面铜镜，连剑、矛、弩等兵器都是角或木质仿制品。这一现象令人困惑。推测是因为 1、3 号墓下葬于汉文帝时代，汉文帝下达的"不得以金银铜锡为饰"的禁令对诸侯贵族们确实起到了约束作用。下葬于吕后当政时的 2 号墓，虽曾被盗，但仍出了三颗铜、玉质的印章，还出土了小铜鼎、鎏金嵌玉铜卮、错金铜弩机、铜剑首、银和铜质带钩等。这又反证了汉文帝的禁令确曾生效。不准随葬金银珠宝，贵族们只得另想对策，于是大量随葬漆器。当时漆器昂贵不下于铜器，但未列入禁令。据《盐铁论·散不足》记载"夫一文杯得铜杯十"，即一件有花纹漆杯价钱相当于十个铜杯。《史记·货殖列传》列举了当时通都大邑商贾们用以致富的若干种商品，其中就有"木器髤者千枚"一项，认为手里掌握了千件漆器，只要经营得法，可以富足得"比千乘之家"。

　　椁室的中间部分是棺室，棺室中放置着重重相套的木棺。1 号墓有四层棺，经鉴定全由梓属楸木制成。3 号墓为三层棺，而 2 号墓仅有二层棺，但从棺椁残存痕迹分析，似有便房（属于高级贵族专用的葬具）的设置。1 号墓的木棺层数最多，装

图一二    1号墓黑地彩绘棺出土情况

图一三    黑地彩绘棺足档花纹

饰也最豪华。由外往里数，第一层为黑漆素棺，长 2.95 米，宽 1.5 米，通高 1.44 米。第二层为黑地彩绘棺（图一二），长 2.56 米，宽 1.18 米，高 1.14 米。棺的外表以黑漆为地，上面彩绘着漫卷多变的流云。流云舒卷自如，潇洒奔放，有些甚至突破了边框的限制，显示了画师的艺术魄力。在云雾中绘有一百多个神怪、仙人、禽兽，相互构成五十多个各具神态的生动场面，包括搏斗追逐、狩猎射击、歌舞弹奏等内容。神怪和禽兽形态各不相同，变化万端，在云气中安排得十分得体，富有浓厚的浪漫主义色彩。在绘制方法上，既使用了凸线勾边，又使用了堆漆，立体感特别强，显示了画师丰富的想像和娴熟的技巧。在画面上出现得最多的是一种似羊非羊、似虎非虎、顶竖长角、兽身有尾的怪物（图一三）。这种怪物往往衔蛇操蛇，也有袍服人立的，但四肢似猿，手足不分。过去在江陵、信阳、长沙等地的楚墓中，常常有口吐长舌、头有鹿角、两手操蛇的木雕怪物，一般认为是用作辟邪的镇墓兽，形象和漆绘棺上所画有相似之处。有的研究者认为，这就是《山海经·大荒北经》中所说的"大荒之中有山，名曰北极天柜……又有神衔蛇操蛇，其状虎首人身，四蹄长肘，名曰强良"。"强良"也就是《后汉书·礼仪志》所记大傩十二神兽中的"强梁"。孙作云先生认为，所有这些怪物或许都是"土伯"（即地下的主神），或许有些是土伯的部属，一如方相氏所率领的十二神兽，其中很多画面是表现土伯吃蛇、土伯打鬼，而土伯也就是后土，就是禹。同时，他还认为，镇墓兽和土伯有极密切的关系，可能为同一物，目的用来为镇压墓中的鬼怪，保护墓中的死者。二者形状也极相似，都是鹿角、兽头、身似人。第三层棺是朱地彩绘棺，长 2.3 米，宽 0.92 米，高 0.89 米，通体内外都涂朱漆。这种在《汉书》中记载为"内外洞朱"的彩绘漆棺，只有身份很高的贵族才能享用。在鲜艳的朱漆地上，用青绿、粉褐、藕褐、赤褐、黄白等颜色彩绘龙虎、朱雀、鹿等象征祥瑞的禽兽，一道攀登"仙山"。盖板上画着中国传统称之为"龙虎斗"的图像：两龙的龙头相对，居于画面中部的上方，龙身各自向两侧盘绕，尾分别伸至左右两下角。两虎相背于两龙之间，分别攀在龙头之下，口啮龙身（图一四）。头档画着天鹿仙山，图案化的仙山耸立在画面的中央。山的两侧各有一虎，昂首腾跃，周围饰以缭绕的云气（图一五）。足档绘二龙穿璧，龙身披鳞甲而有凤羽，巨目利牙，虎爪蛇尾（图一六）。左侧板绘龙、虎、鹿、朱雀、仙人和仙山。龙身波浪起伏。虎作张口回首状。梅花鹿两角粗壮，四足翘起，十分健美。朱雀扑打着双翼，似正要展翅欲飞（图一七）。右侧板所绘为繁复的勾连云纹。《汉书·佞幸传》提到董贤死后"以沙画棺，四时之色，左苍龙，右白虎，上著金银日月，玉衣珠璧以棺，至尊无以加"。看来这类纹饰的朱漆棺，当是上层贵族习用的葬具。1号墓第二、三两层的彩绘漆棺当之无愧是汉初漆器工艺的杰作。1号墓第四层棺，也就是盛放尸体的内棺，长2.02米，宽0.69米，高0.63米，棺内涂朱漆，棺外涂黑漆。盖棺之后，在黑漆层外横缠了两道宽12厘米的帛束，每道六七层。内棺的四壁板和盖板都以铺绒绣镶边，以羽毛贴花绢为中心装饰。羽毛贴花绢是用素绢为地，再用绢条贴成棱角规整的图案，绢条的两侧还镶有非常齐且窄的边，在绢条上粘贴有光泽的黑色羽毛剪成的碎末，在空余的质地上粘贴有光泽的金黄色羽毛剪成的碎末。彩色羽毛与图案相辉映，显示了当时工艺的高度智慧和技巧。据著名的古文字学家于省吾先生考证，

图一四 朱地彩绘棺盖板花纹

图一五 朱地彩绘棺头档花纹

图一六 朱地彩绘棺足档花纹

图一七 朱地彩绘棺左侧板花纹

图一八 铺绒和羽毛贴花绢装饰的内棺盖

这种以羽毛贴花绢装饰的内棺，就是《左传》中所说的"翰桧"。据《左传·成公三年》记载："宋文公卒，始厚葬……棺有翰桧。""翰"疑即羽毛，"桧"与"绘"可以通用假借，故尔春秋时期宋文公所使用的棺材可能类似这次发现的锦饰内棺。这种翰桧棺迄今还是第一次见到实物（图一八）。这具内棺榫结方式复杂，结构严密，如不细加观察，难以看出斗榫痕迹，似是浑然一体的整木剜凿而成。

3号墓的一、二层棺都是素棺，外髹深棕色漆，内髹朱漆。棺两侧和底用一根整木雕琢而成，内棺髹漆，上加两道帛束后满贴以起绒锦为边饰的绣品。外棺长2.57米，宽1.16米，高1.13米。中棺长2.34米，宽0.92米，高0.88米。内棺长2.14米，宽0.72米，高0.67米。出土时，三层棺都有裂缝，棺盖封闭不严，保存情况较差。覆盖和包裹尸体的衣衾已严重腐朽，尸体也已腐烂，只剩下散乱的骨架，经鉴定为男性，年龄在三十岁左右。

民间传说马王堆是五代时楚王马殷及其家属的墓地。北宋《太平寰宇记》则记载说它是西汉长沙定王刘发葬其母程、唐二姬的双女塚，而发掘的结果却证明这里是汉初一个列侯——轪侯的家族墓地。1号墓大量漆器上有朱书"轪侯家"的铭文（图一九），缄封着"轪侯家丞"封泥（图二〇）。根据这些实物并参照文献记载推断，此处所葬为某一代轪侯的妻子。在漆奁盒里出土的一件印章，上书"妾辛追"，表明她的名字为辛追，也可能姓辛名追。2号汉墓出土了三枚印章：一枚为玉质私印，刻着篆体阴文"利苍"两字；另外两枚是明器官印，都是铜质、鎏金、龟钮，分别刻篆体阴文"轪侯之印"和"长沙丞相"。关于轪侯，《史记》《汉书》都有记载。据《史记·惠景

图二〇 "轪侯家丞"封泥

图一九 漆器上"轪侯家"铭文

间侯者年表》记载：轪国，七百户。汉惠帝二年四月庚子封长沙相利仓为侯，侯第一百二十位。高后三年为侯豨元年。孝文十六年为侯彭祖元年。元封元年侯秩为东海太守，行过不请，擅发卒为卫，当斩，会赦，国除。《汉书·高惠高后文功臣表》所记基本相同，只是第一代轪侯的名字写作"黎朱苍"，第四代轪侯的名字写作"扶"。马王堆2号墓出土了"利苍"印章，证明第一代轪侯的名字确如史记所记，当时"仓"与"苍"可以通用。这几枚印章证明2号墓主是死于吕后二年（公元前186年）的第一代轪侯、长沙诸侯国丞相利苍。

1号墓的女尸，虽然大多数人认定是轪侯的妻子，但究竟是哪一代轪侯的妻子，起初并没有充分的证据加以确定。2号墓发掘及墓主确定后，这个问题也就迎刃而解了。1、2号墓墓道两者平行，都是正北方向。两个墓的中心连线为正东西向。这正是汉初流行的夫妻异穴合葬的形式。利苍葬在西边，女尸出在东边，正符合当时"尊右"的习俗。因此，1号墓墓主毫无疑问就是第一代轪侯利苍的妻子。从3号墓出土器物上大量的"轪侯家"铭文和"轪侯家丞"封泥来看，表明埋葬着的也是轪侯家族中的一员。这座墓在利苍妻墓的下首，按礼俗应是她的后代。尸首鉴定是男性，30岁左右，可以推定是利苍和辛追的儿子。有人猜测，3号墓墓主或许就是第二代轪侯。第二代轪侯利豨，按史书记载，死于汉文帝前元十五年（公元前165年），但3号墓东边箱出土的一块木牍上却明确地写着"十二年二月乙巳朔戊辰，家丞奋移主葬郎中，移葬物一编，书到先遣，具奏主葬君"，表明该墓葬于十二年二月戊辰这一天。十二年是指汉文帝前元十二年（公元前168年），"二月乙巳朔"即二月初一是乙巳日，"戊辰"是二月二十四日。该墓应葬于汉文帝十二年颛顼历二月二十四日。因此，发掘报告和多数学者认为3号墓墓主应是利苍另一个没有继承侯位的儿子，也就是利豨的兄弟。持这两种意见者各自的理由将在以下有关章节中详细介绍和评述。

2、3号墓均可准确地确定其年代，而1号墓埋葬的确切年代，墓里没有这方面的文字材料，史书上也找不到有关记载，考古工作者只好通过地层关系加以分析。1号墓封土堆将3号墓封土堆全部覆压，在筑1号墓时把3号墓墓坑截掉了一个角，墓道也被截断，所以无论从叠压关系还是打破关系来分析，1号墓肯定晚于3号墓。但两个墓中的随葬物，特别是漆器，无论是形制、花纹、铭文都像是同一批的产品，说明两座墓葬的年代相差不会太远，也许只差几年而已。我们甚至可以大胆推测：极有可能是儿子的意外死亡所引发的过度悲伤，导致了轪侯夫人的猝死。

从时代先后来看，马王堆三座墓葬，一座比一座规模大，一座比一座随葬器物多，一座比一座排场阔气。这种现象从一个方面反映出社会财富在汉初几十年的时间内增长极为迅速。据史书记载，汉初皇帝出行要找四匹颜色相同的马拉车都非易事，将相们往往只能乘牛车。而至文帝时，由于采取了一系列有利于生产发展的措施，几十年的安定环境和休养生息，以致"府库充盈"、"牛羊遍野"，当官的乘牛车被视为耻辱。另一方面，也反映了轪侯家的飞黄腾达。由于其爵位世袭，享有特权，官高禄厚，加上子孙繁衍，二十多年的时间家族财富飞速积累，所以当修造最晚的1号墓时，其厚葬的程度早已是今非昔比了。

## （二）1号墓出土的古尸

女尸置放在密封的锦饰内棺中，浸泡在棕黄色的液体里。尸体的脸部覆盖着二件丝织物：一件绛色织锦，双层线缝，盖在前额及两眼上；另一件素绢，内絮丝绵，作束腰形，掩盖在鼻梁上。这两件覆盖脸部的织物，古代称为"覆面"。女尸两手握绢面绣花香囊，内盛香草，两足着青丝履。尸体贴身着衣两件：内为信期绣罗绮丝绵袍，外为细麻布单衣。两臂肱部缚以绛色丝带，结系于腹部，再将丝带引向足端，连同青丝履系缚于足背。阴部及大腿之间空隙处用绢面裹丝绵塞实。贴身衣外面包裹各式衣着、衾被及丝麻织物共计十八层，连同贴身衣两件，共二十层。从头到脚层层包裹，然后横扎丝带九道（图

图二一 尸体包裹情况

二一），再在其上覆盖印花敷彩黄纱绵袍一件、长寿绣绛红绵袍一件。

这具女尸出土时称量，身长 154 厘米，重 34.3 公斤，头、颈、躯干、四肢均保存完整的外形，皮肤致密，覆盖完整，呈浅褐黄色。大部分毛发附于原位，指、趾纹清晰，身上许多地方软组织还比较丰满，柔软而有弹性。出土后注射防腐剂时，软组织随之鼓起，以后逐渐扩散。四肢关节可以稍微弯动。头上饰有假发，黑而粗。真发细而稀疏，呈黄黑色，稍用力牵拉，还不致于脱落。两只眼球突出并且干瘪。可是在右眼的眼睑上，还保存了好几根睫毛。鼻骨、鼻正隔正常，外鼻没有瘢痕，也没有下塌的现象。左耳里面薄薄的鼓膜仍然完好。现存牙齿十六颗，部分牙冠磨损严重。手指上保存了一小块黑褐色手指甲。在右大腿外侧的一块皮肤上，可以看见清晰的毛孔。用 X 射线检查，全身骨骼完整，两侧对称，小至鼻骨及籽骨都能分辨，各骨块的相对位置没有移动，全身大小关节的间隙较正常略窄。骨骼呈普遍性疏松现象。从整个外表观察，除了眼球突出眶外，口张开，舌稍露出，直肠垂脱等早期腐朽现象外，几乎与新尸体相差无几。

尸体出土后，曾向其体内注射甲醛－乙醇－甘油的混合防

腐剂，并浸泡于 4.5%～5%甲醛溶液中加以保存。经过上述
防腐处理近七个半月后，在尽可能保持尸体和取出完整脏器的
前提下，对古尸进行了病理解剖。解剖的目的一方面是为了更
有利于古尸的长期保存；另一方面是为了深入研究其保存程
度、保存原因，探求其病变和死因。

解剖于 1972 年 12 月 14 日进行，由湖南医学院（现湘雅
医科大学）主持。

解剖的部位为头部和胸腹部。

头骨钻开后，发现包在脑子外部的脑膜仍然完好，脑子明
显地缩小、塌陷，已散碎成豆腐渣状，仅占颅腔的三分之一左
右。

剖开胸腔和腹腔后，见心、肺、气管、肝、胆囊、胆管、
胰、脾、食管、胃、肠、肾、泌尿系、内生殖器官都保存较完
整的外形，而且相互位置基本正常，只是各脏器都不同程度地
缩小变薄，重量减轻了一半多。肢体内血管结构清楚，腹壁层
交分明，皮下脂肪丰富，呈黄色或黄褐色。极容易腐败的淋巴
导管依然存在，甚至像头发般细小的肺部迷走神经丝也还历历
可数。

食管内发现红褐色甜瓜子一粒，胃内有甜瓜子十四粒半，
空肠及回肠腔内有甜瓜子二十七粒，大肠内有甜瓜子九十六
粒，整个消化管腔内共有甜瓜子一百三十八粒半（图二二）。

妇科检查表明她生前曾生育过。

用现代的科学技术作组织学检查，显示四种基本组织的保
存水平比较悬殊。作为器官支架的纤维性结缔组织保存得最
好。在各种组织切片中，占主要地位的胶原纤维保持特别完
整，或者纵横交错，或者成束状排列，轮廓异常分明。在电子

图二二 女尸消化管腔内甜瓜子

显微镜下，其周期性横带结构十分明显，几乎无异于新鲜样品。骨和软骨结构的保存接近正常。在软骨切片中可见基质丰富并有大量形态相当完整的软骨细胞。肌肉组织的保存次于结缔组织，其中横纹肌强于心肌，平滑肌则最差。在部分横纹肌纤维中，肌纤维的轮廓清晰，并呈明显的明暗带横纹结构。神经组织和上皮组织大多已自溶解体，因此，在各脏器切片中所见主要是保存完好的纤维结缔组织构成的网架，而实质性细胞则残留甚少。

就全身而论，虽绝大多数细胞已经解体，但还能观察到几种残存的细胞。其中以软骨细胞保存最好，不少细胞的细胞膜和细胞核均清晰可见。残存的肾小管细胞有的具有比较清楚的细胞轮廓，核已萎缩。为数颇少的肌纤维中偶见形态不规则的细胞核。

一些重要的生物高分子，如胶原蛋白、肌肉蛋白、头发α角蛋白，某些脂类、多糖类等，均在一定程度上保存了它们的结构和性质。在电子显微镜下可见清晰的胶原蛋白大分子聚集的微丝及其侧向有序排列所形成的周期性暗带结构和多至九条的横纹细节。肌球蛋白大分子所形成的肌原纤维粗丝、细丝的断片和不很完整的 Z 盘等均可从横纹肌中析离获得。用组织化学方法，也证明胶原纤维尚保存着相当完整的蛋白质分子，其中有组氨酸、色氨酸和精氨酸等成分。用免疫荧光标记法证实肌球蛋白的抗原性仍有部分保存。头发的角蛋白尚保留完好的α构型，能显示典型的 X 射线衍射图样。从多种组织中，均可用生物化学方法提取到少量还具有一定大分子性质的残存核酸。多糖类仍具有典型的组织化学反应，且具体血型物质仍能测得。利用静脉血管里两小块凝固了的血块以及从古尸肌肉、胃、肝、头发等组织取样测定血型，证明为 A 型。红血球现在仍然保持原来的形状，它们三个五个地聚在一起。在古尸的脑、肝及全身脂肪组织中，磷脂已降解破坏，胆固醇尚有部分保存，而中性脂肪则广泛存在，其脂肪酸组成接近正常。

在系统的病理解剖基础上，通过肉眼和病理组织学检查，并结合电子显微镜观察、X 射线检查、寄生虫学研究、胆石分析、毒物分析、病理组织化学研究和临床病理分析等，发现死者在生前患有多种疾病：

1. 冠状动脉粥样硬化性心脏病，即冠心病。冠状动脉具有明显的粥样硬化病变，特别是左侧。左冠状动脉起始2.5厘米的一段，其管腔阻塞在 50％～75％以上。左心室心肌切片上，见有散在的小灶性瘢痕。

2．全身性动脉粥样硬化症。在胸主动脉、腹髂总动脉、子宫动脉及肾动脉内膜上均有黄白色粥样硬化斑块散在。腹主动脉斑块最多，有的形成溃疡，其底部有血栓样物附着。镜下观察，除左、右大脑中动脉外，其他动脉均呈不同程度的粥样硬化改变。部分中小动脉的硬化斑块使管腔变窄，切片的特殊染色显示斑块中含有中性脂肪和胆固醇。

3．多发性胆石症。部分肝内胆管扩张，管壁增厚，多处管腔内有结石；胆总管扩大，最大直径1.5厘米。管腔内有大量胆沙，最大的有蚕豆大，肝总管处亦有一黄豆大的胆结石。镜下检查，肝脏小叶间胆管呈扩张状态，并有胆汁淤积。化学分析证明，胆管内泥沙样结石主要为胆色素结石。

4．日本血吸虫病。在直肠和肝的组织切片中，均见到不少纤维性结缔组织包裹的虫卵结节，一个结节的虫卵数目一般在十个以内。有的虫卵结节仅有少量虫卵碎片或钙化虫卵。整个结节形态与现代血吸卵结节极为相似。用氢氧化钾消化虫卵结节的方法分离虫卵，多次发现虫卵有典型的小侧刺，少数虫卵内尚见有毛蚴轮廓。从虫卵大小、形态特征和分布特点来看，可确认为日本血吸虫卵。

除上述几种主要疾病外，还发现死者体内有慢性铅、汞蓄积，胆囊隔畸形，两肺广泛性炭末沉着，左肺上叶及肺门钙化灶，右尺、桡骨远端折畸形愈合，腰椎间盘脱出或变形，会阴陈旧裂痕和肠道蛲虫、鞭虫感染等病理改变。

关于死因的探讨。死者的年龄不算太大，皮下脂肪丰满，并没有高度衰老的现象，不可能是自然老死，也没有见到任何

暴力致死的迹象。皮肤上并不见久卧病床后常见的褥疮，而消
化道内还有颜色鲜明的甜瓜子，看来这位贵妇人大概是因某种
急病或某种慢性病急性发作，在吃过甜瓜之后不久猝死。死亡
时间当在瓜熟季节。猝死的发生以冠心病的概率为最高。冠心
病的猝死大多并非由于急性心肌梗死或冠状动脉血栓形成，往
往是由于某些诱因如情绪波动、急性绞痛或迷走神经反射等促
发冠状动脉痉挛引起急性心肌缺血，招致心律紊乱、心跳顿停
而致死。根据对死者主要病症分析，冠状动脉粥样硬化病变相
当严重，而心肌又有若干散在的小灶性梗死瘢痕，因此具备了
发生猝死的病理基础。加之死者患有多发性胆石病，因此考虑
由于胆绞痛的急性发作，反射性地引起冠状动脉痉挛，由此导
致急性心肌缺血而造成猝死的可能性最大。联系死者握着的绣
花香囊和墓中边箱 355 号竹笥内六个绢药袋中发现有香料草药
辛夷（图二三）、茅香、桂皮、花椒、干姜、杜衡、藁本、高

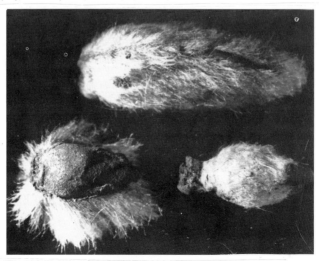

图二三　1号墓香囊内的香料草药辛夷

良姜等。再根据中国古代《本草纲目》《神农本草经》等医药学经典认为茅香主治"中恶，温胃止呕吐，疗心绞冷痛"，桂皮治"心痛，胁痛……温筋通脉"，花椒"温中，除寒痹"和"疗腹中冷痛"，高良姜"治腹内久冷气痛，去风冷痹弱"，干姜"温中……逐风湿冷痹……腰腹疼痛……"，杜衡治"胸胁下逆气"，辛夷"温中解肌，利九窍"，藁本亦治"妇人疝瘕，腹中急"等。从药性分析，上述药物皆有温阳通痹和温经通脉，治疗心腹冷痛、心痛、胁痛、寒痹的作用。古代所说的寒痹中的心痹，症状和现代人说的冠心病近似。想来这些药料当为死者生前经常服用，故而随葬。这也可以作为她主要死于冠心病的一个旁证。

古尸虽然经历了二千一百多年，却仍然保存得如此完好，甚至还可以据此对死者的疾病和死因作出一定的判断，这在世界尸体的保存记录中是一个奇迹。

马王堆 1 号汉墓古尸不同于一般保存下来的干尸（木乃伊）、尸腊和泥炭鞣尸。古尸的体重减少约在一半左右，皮肤有皱缩，内脏缩小、变薄。这些改变都像干尸化，但全身润泽，某些部位软组织还比较丰满，柔软而有弹性，因此不是干尸。古尸的躯干和下肢的皮肤有多种形态的皮疹样尸腊化现象，但变化属轻度、早期，并未出现典型的片块状脂腊样改变。此外，在腹壁皮下及肾周还积贮着大量脂肪，其外观和化学分析均接近正常脂肪，故不能认为古尸已属尸腊。古尸的皮肤较柔软，指、趾纹清晰，大部分毛发附于原位，软组织有弹性，部分关节尚稍可活动，全身骨骼普遍骨质疏松，有明显脱钙，骨及齿染成黑褐色。这些改变与鞣尸颇为相似，可能是由于弱酸性棺液长期作用所致。它与国外报道的泥炭鞣尸有明显的不同之处。例如，在形成的环境方面，女尸是在密闭性能很好的棺具和墓室中形成的，被含有从尸体自身和丝织殓装分解出来的有机酸的棺液浸泡着，而泥炭鞣尸则是在含有大量腐植质（其中含有单宁物质和腐植酸）的泥炭沼泽或明显酸性反映的泥沼中形成。从尸体的保存程度看，马王堆女尸不仅保存了完整的外形，而且内脏器官俱在，而泥炭鞣尸在形成过程中尸体表层虽然被鞣化了，内脏却往往遭受腐败菌的破坏而难以保存。

由于马王堆汉墓古尸不同于过去报道的保存尸体的类型，医学家建议将其命名为"马王堆尸"，用以代表在密闭性很好的古墓中形成的，为含有从尸体和丝织物分解出来的有机酸的棺液长期浸泡的，全身润泽而且软组织有弹性的，皮肤可有轻度尸腊化变化的，骨骼有脱钙现象的，外形较为完整，内脏俱在，保存完好的这一类古尸。

二 重见天日的古籍和绘画

## （一）极为珍贵的古代典籍

马王堆3号汉墓出土了十多万字的帛书，是继汉代发现孔府壁中书、晋代发现汲冢竹书、清末发现敦煌经卷之后的又一次重大古代典籍的发现，在中国古文献学和中国学术史的研究上具有极其重要的价值和意义。

帛书出土于东边箱57号长方形黑漆奁盒中，质地为生丝织成的细绢。帛的高度大致有整幅（约48厘米）和半幅（约24厘米）两种。画表、图的帛，幅面大小视需要而定。整幅帛上书写的帛书，折叠成长方形，放在奁盒下层的一个格子里，出土时折叠的边缘已经有些断损。半幅帛上书写的帛书，卷在长条形木片上，压在两卷竹简下边，置放在奁盒的长条格内，因为年久粘连，破损比较严重。

帛书一般都是把帛横摊着从右端开始直行写下去的。有的用墨或朱砂画好上下栏。用墨钩的即所谓"乌丝栏"，而用朱砂画的即所谓"朱丝栏"。再钩画出便于书写的直行栏格，有的则不画行格。整幅的每行七、八十字不等，半幅的每行二十至四十余字不等。除了个别的字用朱砂书写，其余都是墨书。墨的原料是用松枝等烧成的烟炭。

帛有长有短。短的一段帛上只写一种书或画一幅图。长的就不同了，写完一种书或画了一幅图后也不剪断，就另起一行接着写下一种书，或者画另外的图，所以一般长帛上常常有着好几种书、图。最长的一段帛，长 3 米多，竟抄有《老子》（甲种本）和其他四种古佚书。

帛书的体例也不尽一致。有的在第一行顶上涂一黑色小方块作标记，表示书从这里开始。有的则没有行首的标记。有的书通篇连抄，不分章节。有的则提行另起章节。大部分帛书都没有标明篇题。有篇题的，一般都写在全文末尾，并注明字数，如"称千六百"。这种篇章题记的表示方法在古籍中是常见的。

总的来看，帛书的样式与简册非常相似。汉代的典籍用简，大致有长短两种尺寸。长简汉尺二尺四寸，用来书写经典；短简一尺二寸或一尺，也有短至八寸的，用来抄写诸子、传记、杂书。帛书整幅和半幅的两种尺度，与简册大体相当。至于帛书尺度与内容的关系，虽然不像东汉简册那样严格区分为"二尺四寸，圣人文语"和"诸子尺书"（《论衡·谢短·书解》），但似乎抄在整幅帛上的都是当时认为比较重要的著作，例如《周易》《老子》等，而抄写在半幅帛上的基本上是当时的一般性读物，如《春秋事语》《战国纵横家书》和一些医药书籍等。

帛书的字体大致有三种：一是篆书，二是隶书，三是处于篆隶之间的草篆，又称秦隶。书写的字迹也表现出不同的风格，显然不是出于一时一人之手。此外，帛书中有很多同音假借字。这些迹象表明，抄写年代正处于汉字急剧演变的时期。战国年间，各诸侯国分裂割据，"文字异形"。秦统一全国后，进行了"书同文字"的工作，以篆书即小篆来代替各国的异体

字。这种文字结构繁缛，笔画圆转。在帛书中，较早（战国末
至秦）的写本，如《五十二病方》就是使用这种字体。有的结
构正方、长方、扁体不拘，笔画上方圆并用，行笔简疾，有明
暗粗细变化，捺笔粗重，并已有波挑之势，而字体还保留了部
分篆体意味的秦隶，也就是古隶。抄写于汉高祖称帝以前的
《老子》甲本，可以作秦隶的标本。也有字体扁平，点、撇、
波、磔笔意分明，构形相当规整的汉隶。写成于汉惠帝或吕后
时期的《老子》乙种本，已经是通篇波折生动整齐的隶书了。
但这时的隶书与东汉时的隶书尚有不同：笔画虽已改篆的圆转
为隶的方折，但结构和书法上仍保留着若干篆意，还遗留有篆
向隶演化的痕迹，又称"八分书"。

关于这批帛书的抄写年代，可以从两个方面考察。一是避
讳。避帝王尊者的讳，是我国古代特有的一种礼俗。避讳常有
三种方法：改字、空字、缺笔。在帛书中还只见到改字例，如
《战国纵横家书》里改"邦"为"国"，避的是刘邦讳。《礼记·
典礼上》有"卒哭乃讳"，即等人死了才开始避讳。同书有
"盈"字，没有避汉惠帝的讳。因此，它的抄写年代应在刘邦
死后，惠帝未卒之前。但对于一些书文中不涉及名讳，因而难
以判别是否避讳的帛书，鉴别字体更是主要的断代依据。

马王堆帛书内容以古代哲学、历史为主，也有相当一部分
是自然科学方面的著作，还有多种图籍和杂书。其中大部分是
历史上早已失传的佚书。少部分虽然流传了下来，但和现行的
版本比较有很大的出入，保留了这些书籍早期的形态，或是与
今本不同的另一种本子。因此，在史料学上的价值是无法估量
的。

马王堆帛书究竟有多少种，各家说法不一。在初步整理之

后，韩仲民在《文物》1974 年第 9 期上发表《长沙马王堆汉墓帛书概述》，将帛书依次编号，共四十。因有的编号里有两种或多种书，所以总数略超出四十。陈松长在《长沙马王堆西汉墓》（上海古籍出版社 1998 年版）中分为六大类四十四种。邢文在《帛书周易研究》（人民出版社 1997 年版）中也是将其分为六大类，编号共二十七。由于有的编号内包括数种，所以可分为四十七种。现将陈、邢二人的编目综合于下：

一、六艺类

1.《周易·六十四卦》

2.《易传·二三子问》

3.《易传·系辞》

4.《易传·易之义》

5.《易传·要》

6.《易传·缪和》

7.《易传·昭力》

8.《丧服图》

9.《春秋事语》

10.《战国纵横家书》

二、诸子类

11.《老子》甲本

12.《老子》甲本卷后佚书之一《五行》

13.《老子》甲本卷后佚书之二《九主》

14.《老子》甲本卷后佚书之三《明君》

15.《老子》甲本卷后佚书之四《德圣》

16.《老子》乙本

17.《老子》乙本卷前佚书之一《十六经》

18.《老子》乙本卷前佚书之二《经法》

19.《老子》乙本卷前佚书之三《称》

20.《老子》乙本卷前佚书之四《道原》

三、兵书类

21.《刑德》甲本

22.《刑德》乙本

23.《刑德》丙本

四、数术类

24.篆书《阴阳五行》

25.隶书《阴阳五行》

26.《五星占》

27.《天文气象杂占》

28.《出行占》

29.《木人占》

30.《符箓》

31.《避兵图》（或称《太一将行图》《社种图》《神祇图》）

32.《筑城图》

33.《园寝图》

34.《相马经》

五、方 类

35.《五十二病方》

36.《五十二病方》前佚书之一《足臂十一脉炙经》

37.《五十二病方》前佚书之二《阴阳十一脉炙经》甲本

38.《五十二病方》前佚书之三《脉法》

39.《五十二病方》前佚书之四《阴阳脉死候》

40.《胎产书》

从上面的目录中可见，许多种书在《汉书·艺文志》中不见名目。班固编著《汉书·艺文志》是以西汉刘向的《别录》、刘歆的《七略》为蓝本的。可以推想，这许多种帛书不仅对今天来说是佚书，恐怕在西汉末年就已经不存于世了。

现将部分帛书的主要内容作一简单介绍：

### 1. 两种《老子》写本

《老子》有两种写本。《老子》甲本和卷后的四篇古佚书合抄成一个长卷，均无篇题，共四百六十五行、一万三千多字，字近篆体。根据书中不避汉高祖刘邦讳，推算抄写的年代最晚在汉高祖时期，约公元前206年到公元前195年之间。《老子》乙本和卷前的四篇古佚书抄在一幅宽帛上，折叠的边缘出土时已残断，分成三十二片。乙本无篇题，四篇佚书均有篇题。字为隶体，共二百五十二行、一万六千多字。书中避汉高祖刘邦讳，将"邦"字改为"国"字，而不避惠帝刘盈讳，抄写年代应晚，可能在惠帝或吕后时期，即公元前194年到公元前180年之间。

两种《老子》写本相同的地方是都没有分章，都是德经在前、道经在后。这与《韩非子》中《解老》《喻老》所引用的

《老子》本文次序是一致的。两种本子都有不少虚词和假借字。但它们也有不少不同的地方：甲本未注明字数，乙本则在上、下篇末尾注有"德三千四十一"、"道二千四百二十六"的字样；甲本文字为篆隶之间，而乙本则完全为隶书。两种帛书《老子》与今本《老子》比较，其主要不同之处是：一、今本《老子》分为八十一章而帛书不分章；二、今本《老子》道经在前，德经在后，所以称《道德经》，而帛书《老子》正好相反；三、两种帛书《老子》写本的章次也和今本不同，即第二十四章在第二十二章之前，第八十、八十一章在六十七章之前。

帛书《老子》与今本《老子》最大的不同之处，就在于德经在前，道经在后，而且不分章次。这一特点反映什么问题呢？国内外学者大致有以下几种看法：一、认为帛书的这种编次是法家的传本。这是高亨等先生的看法。他们说："从先秦古籍的有关记载来看，《老子》传本在战国期间，可能就已有了两种：一种是道经在前、德经在后，这当是道家的传本。另一种是德经在前、道经在后，这当是法家的传本。其理由是《韩非子·解老》首先解《德经》第一章，解《道经》第一章的文字放在全篇的后部，便是明证"（高亨、池曦明《试谈马王堆汉墓中的帛书〈老子〉》（载《文物》1974 年第 11 期）。二、道经与德经的颠倒是由于脱简与错简造成的（严灵峰《马王堆帛书〈老子〉试探》，河洛图书出版社）。三、由于老子多言德而少言道，或者由于集经的时间先后不同，遂成帛书德先道后的次序。"由先秦以前以至西汉，皆德经在前，道经在后，这种情况或因老子本人多言德而少言形而上之道，由此次序以保持其思想发展之迹。或者只反映出德经集结于先，道经集结于后，另无其它深意"（徐复观《帛书所反映的问题》，载《明报月刊》1975 年 6 月 114 期）。四、"德"先"道"后，是老子南派楚国本。邱德修先生认为：传世之古本《老子》都是北方的本子，尤以齐赵为最……赵、齐二地都是位于北方，他们所讲的老子，甚至今天所能见到的老子抄本、刻本都是与古《老子》传本一脉相承，都是道篇为上篇、德篇为下篇的北方本《老子》。老子的学生因战乱的缘故遂向南北二方扩散避难。北派或是河上文人这支所传，而南派却注入楚文化的洪流中，疑即帛书《老子》的呈现者……南派偏重在"德篇"，北派偏重在"道篇"。其后将它著于竹帛、写成定本时，即展现出北派的先"道"后"德"的"道德"，而南派则为先"德"后"道"的"德道"二篇（见《中华文化复兴月刊》1977 年 10 卷 11 期）。五、"德"先"道"后，《老子》本来体裁就是如此。这是日本学者波多野太郎的看法。他说："《老子》甲乙两本的体裁都是分做两篇。乙本的卷尾有这样的话：'德三千四十二'，'道二千四百二十六'，这就是跟（一）道藏《道德真经集解序说》《混元圣经》所引刘向的《七略》；（二）《史记·老子传》；（三）《汉书·扬雄传》所引桓谭的话；（四）《函谷关铭》（《艺文类聚》）；（五）《老子铭》《隶释》等书的记载恰好吻合。大抵分做二篇，就是《老子》古本的体裁"（原载 1976 年 3 月 4 日日本《朝日新闻》，又见《明报》1976 年 4 月 112 期）。余明光在《黄帝四经与黄老思想》第四章《老学的代表作——帛书〈老子〉》中阐述了自己的观点，认为应从中国古代思想发源和发展的脉络上作科学的考察。战国之前学术尚未下私人，意识形态上官方的天德理论不能不居于统治地位。《庄子·天下篇》说："以天为宗，以德为本，以道为门"，次序是"天"、

"德"、"道"。而至战国时期，正是学术下移于私人之际，百家之学兴起，道家学说亦在此时最兴盛，故"天下大乱，贤圣不明，道德不一"，道的顺序摆在德的前面了。这种从"德"到"道"转变为从"道"到"德"的过程，反映了中国古代思想发展不断深化的认识过程。但究其思想源流而论，"德"是在先的。可见"德经"排在前面决不是偶然的，说明原始的道论家是尊重传统的，依据传统的思想的发展而"德"先"道"后的。他认为高亨等人提出的《老子》书有两个传本的推测是可以成立的。因为在战国时期，关于形而上的"道"逐渐为诸子百家所重视，而道家又特别重视对"道"的发挥，使道论家的理论也有个从原始的到比较成熟的转变，变传统而面向现实，遂将经文次序重新加以编排改造，使"道经"居前，"德经"居后，以合乎学术思想的发展和客观形势的需要。至于是否有个法家的传本，则很难论断。总之，帛书本《老子》可以说是原始道家古本的原型，而今本却是后来的道家在此原型本基础上重新编排并加以改造而成的新版本。

**2.《老子》甲本卷后佚书**

四篇，原无篇题，文献记载也无可查考。第一篇共一百八十一行、五千四百余字，内容是讲儒家"仁、义、礼、智、圣"的五行说。有人依其内容将篇名定为《五行》。其文体与《大学》相近，词句中也袭用《孟子》的话，可见作者是子思、孟轲学派的门徒。这篇佚文的发现，有助于人们弄清思孟五行学说的真相。庞朴先生写了《马王堆帛书解开思孟五行说之谜——帛书〈老子〉甲本卷后古佚书之一的初步研究》（《文物》1977年第10期），认为它"给两千多年不得其解的思孟五行之谜，带来了一把钥匙。在佚书的第一部分即《经》的部分，提出了聪、圣、义、明、智、仁、礼、乐八个道德规范，构造了这八个规范之间的关系，并用‘五行’对这些规范予以概括，是一份相当集中而整齐的儒家伦理学的德目单。而《庄子·在宥》篇中所着力攻击的‘之八者’，一个不差正是佚书论证的那八德。而‘聪’和‘明’放在次列位置，作为达到‘圣’和‘智’的一个阶段或一种手段，与其它六者地位不同。而‘乐’是五者之和，所以实际上佚书是以‘仁义礼智圣’为‘五行’。而思孟学派的五行说，究竟是哪五行呢？二千年来众口不一。但在《孟子·尽心下》篇中孟子讲到‘口之于味也，目之于色也，耳之于声也，鼻之于臭也，四肢之于安佚也，性也，有命焉’。‘仁之于父子也，义之于君臣也，礼之于宾主也，智之于贤者也，圣人之于天命也，命也。有性焉，君子不谓命也’。表明孟子也曾将‘仁义礼智圣’并列来谈论人性和天命的关系。只是由于它同汉儒的‘五性之常’不合，被篡进了衍文，而不为人们所熟知了。而思孟学派的‘五行’，既不是后人概括的‘仁义礼智信’，也不是‘仁义礼智诚’，而应该是‘仁义礼智圣’，与帛书《五行》一样，都是将‘圣’视为对天道而言的另外一种品德。综观这一切，应可得出结论：马王堆帛书《老子》甲本卷后古佚书之一，是‘孟子之儒’或‘乐正氏之儒’的作品，也许竟是赵歧删掉了的《孟子外书》四篇中的某一篇。这篇佚书的发现，解开了思孟五行说的古谜，是学术史上的一件大事”。第二篇录伊尹论“九主”的一段，整理者将篇名定为《九主》，也有人定名为《伊尹论九主》，共五十二行、约一千五六百字。文中讲到九种君主。关于伊尹论“九主”，《史记·殷本纪》只提到伊尹从汤，“言素王及九主之事”。《史记·集解》引刘向《别录》所说的九主，也只有三十个字，九主的名称有的写错了，所以《史记·索隐》认为"名称甚奇，不知所据"。这篇佚书对九主有明确的说明。《汉书·艺文志》曾记载伊尹的著作五十一篇，但早已失传。伊尹的著作，《艺文志》也将其列为道家，《韩非子》中则把伊尹、管仲、商鞅三人并提。这篇佚文肯定法君、法臣，否定其他八主，一定程度上反映了尊法的思想倾向。第三篇共四十八行，约一千五百字，着重论述攻战守御。文中说"昔者齐人与燕人战"，是指公元前284年五国伐齐的事，其成书当在战国后期。整理者将此篇定名为《明君》。第四篇共十三行，约四百字。文字简短，综述"五行"和"德、圣、智"的关系，与第一篇《五行》有关，但又有一些道家的语汇。后段文字残缺甚多，文义不明。篇名定为《德圣》。

### 3.《老子》乙本卷前佚书四篇

四篇古佚书，篇末均标有篇名，共一百七十五行，一万一千一百六十四字，除少数文字略有残缺外，保存得相当完整。这四种古佚书，在《艺文志》中不见著录。书中清楚地显露出诸侯兼并争雄，尚未出现全国统一这样一个时代背景。文章中使用了在战国时期流行的词汇，如"刑德"、"黔首"等。由此推定它应是战国或秦代的作品。有的研究者认为它们不是一部书，也有一些研究者根据四种佚书思想内容及押韵前后一致的情况，推断它们是一个整体。总而言之，有一点则是确定无疑的，即这四种古佚书是先秦黄老学派的重要著作。千百年来，除了一部《老子》，道家的著作没有一部留传下来，后也只知道"老学"，而不知"黄学"。黄学与老学有些什么异同？黄老之学与申韩刑名之学有没有关系？这些问题都由于缺乏直接的资料而无法探讨，成为古代哲学史上的一个疑团。现在这四种古佚书的发现，使人们可以看到黄学的要旨，这对于古代哲学思想史的研究无疑是一件喜事。第一种古佚书《经法》由《道法》《国次》《君正》《六分》《四度》《论》《亡论》《论约》《名理》九篇文章组成。首篇《道法》开卷第一句话就是"道生法"，因此作为篇名，是全书的总纲。它以"道"为核心，从哲学上论证道与法、刑名（即名实，指事物的形体与概念、本质与现象）之间的相互关系，并指出了认识、掌握道与法对于治国的重要意义。文中说，"道"是看不见、摸不着的，但它派生出万物，决定着各种事物的生死兴衰。世界上的万物都有形有名，都是发展变化的。人生活在这样一个物质世界上，会有欲望，会有各种顺逆祸福。这样就有了是非概念，于是判断黑白曲直的法度也就自然产生了。"度量已具，则治而制之矣"。法度之所以能作为治国的工具，是因为它可以使变化着的世事，合乎天道，趋于平衡，安于本位。"天地有恒常，万民有恒事，贵贱有恒位，畜臣有恒道，使民有恒度"，因此国君做到顺道执法，名实相检，处世行事，掌握分寸，就可以无为而治了。这种道法合一的刑名学说，是贯穿四种古佚书的一条思想脉络，是《老子》中所没有的。第二篇《国次》讲如何从事统一战争。并对两种不同的兼并方法和结果作了比较。《君正》强调只有任用圣德之人，实行法治，奖励农战，才能进行统一战争。"文武并行"，才能得天下。开导国君"号令合于民心，则民听令。兼爱无私，则民亲上"，"人之本在地，地之本在宜，宜之先在时，时之用在民，民之用在力，地之用在节。知地宜，须时而树，节民力以使，则财生。赋敛有度，则民富"。因此，"［省］苛事，节赋税，毋夺民时，治之安"，才能使百姓"刑罚不犯"，"号令发而行"。这就是"守固战胜之

道"。《六分》《四度》分析了国君王室内部，君与臣、贤与不
肖、动与静、阴与阳、生与杀等各方面的矛盾，提出决定国家
兴衰存亡的界限，强调加强君权和内部统一的重要性。《论》
和《亡论》从正反两方面探讨国家"存亡兴坏"的原因。《论
约》认为要研究分析事物的起因和名实关系，了解具体事物的
变化规律，这样才能"万举不失理，论天下而无遗策"。最后
一篇《名理》，强调"审观名理"，考察推究具体事物的客观规
律（即理），如此方能"是非有分，以法断之。虚静以听，以
称为符（以法度为标准）"。全篇主要讲刑名学说，包含有道、
法、儒等几种学派的思想成分。第二种古佚书《十六经》，全
篇假托黄帝、高阳帝（传说是黄帝的孙子）及其大臣力黑（即
力牧）、阉冉、果童、太山之稽（即太山稽）等的对话和活动，
着重阐述了治国思想和统治术。全书除结论之外，分为《立
命》《观》《五正》《果童》《正乱》《姓争》《雌雄节》《兵容》
《成法》《三禁》《本伐》《前道》《行守》《顺道》十四篇（图二
四）。首篇《立命》通过黄帝前后左右都有面孔，能够观察控
制四面八方的神话以及黄帝的独白"吾受命于天，定立（位）
于地，成名于人。唯余一人，德乃配天，乃立王、三公。立
国、置君、三卿"，塑造出一个封建帝王的形象，表达了地主
阶级企求建立中央集权的统一国家的愿望。文中主张"爱民"、
"亲亲"、"兴贤"，这是与儒家主张的"仁政"即"王道"是一
致的。《观》和《果童》讲了两则黄帝令力黑、果童周游四国，
私行察访，考察社会现象的故事。文中说"力黑视象，见黑则
黑，见白则白"，因而替黄帝"布制立极"，建立起一套完善的
法规制度。果童的乔装改扮，行乞出访，为的是做到"贵
贱必谌（削平），贫富有等"。这两个故事表达了新兴地主阶级

图二四　帛书《老子》乙本前佚书之一《十六经》

建立和维护封建等级制度的要求，同时也反映出朴素的唯物认识论。《五正》和《正乱》讲的是黄帝战胜蚩尤的故事。文中强调在"今天下大争"的形势下，"夫作争有凶，不争者亦无成功"。这与《老子》提倡"不争之德"是大相径庭的。《姓争》详细阐述了"刑"与"德"，即罚与赏这两个统治工具相辅相成的道理。书中说，刑德就像阴阳一样不可偏缺，"凡谌之极，在刑与德"，并着重指出要注意"过报失当"。比《老子》只讲矛盾双方的转化，而不讲转化的条件，又深了一层。《雌雄节》分析了"雌节"和"雄节"的利害关系，主张用"雌节"。《老子》主张"知其雄，守其雌"，意思是说，虽然深知什么是刚强，但外表却要安于柔弱。可以看出，帛书与《老子》"柔弱胜刚强"的思想是一脉相承的。《兵容》论述举兵必须合于天时、地利、人力，掌握有利时机，才能成功。《成法》主张"循名复一，民无乱纪"，大意是说处事执法要合乎规律。能够如此，民众就没有违法乱纪的了，即所谓"一者，道其本也"。《三禁》和《前道》告诫统治者，一定要遵循自然法则，掌握时宜，严格法令，才能得到人心，进而"并兼天下"。《本伐》记述出兵征伐的各种原因，并分析其得失，主张"为人"。"伐乱禁暴，起贤废不肖，所谓义也"。《行守》和《顺道》所讲的都是行事守则，强调要顺应客观事理。在《顺道》后面，有一段很简短的文字，可以作为全篇的结语。其中用这几句话概括了全文政治思想的精要："欲知得失，请必审名察形，刑恒自定，是我愈静。事恒自施，是我无为。"认为，要知道政治得失，一定要审察行政措施和具体情况作判断。这样，事情就自然确定了，政事就自然施行了。国君就可以"静"可以"无为"而治了。很显然，国君的"静"、"无为"，只是一种御臣治民之术。它是通过刑德兼施的手法，督促臣属执行法令去治理国家的。因此所谓"无为"。其实是"无所不为"。二者是相辅相承、互为表里的。这与《经法》的思想声息相通。第三种古佚书，因书中有"审其名，以称断之"一语，所以名《称》。称，就是指法度。书中汇集了许多类似格言的成语警句。这样的一言一语，就是一节，中间用圆点记号分隔。残存所见，有四十八节。最后一节专论事物的阴阳关系。书中包含与上面两种书相同的思想内容，但也有一些世故的处世之道。第四种古佚书名《道原》，主要论述道的性质以及如何掌握和运用。书中所反映的思想，大体上与前三种同属一个体系。

这四种古佚书的许多言语文句，散见于《淮南子》《史记》《说苑》《汉书》等汉代人的著作里。帛书中两次提到的"当断不断，反受其乱"（见《十六经·观》和《十六经·兵容》）。这句话常被后人引用，可见这些古佚书是具有广泛影响的道家"黄老之学"的经典著作。从中可以归纳出"黄学"的要旨：一、认为统治者只要顺从自然之道，简明法度，就可以"无为而治"。二、强调君权和统一，表现了建立中央集权的统一国家的愿望。三、主张文武并用，刑德兼施，以刚为柔，以弱胜强。四、用天地自然之道来附会人间世事、社会关系，把封建等级制度永恒化。了解了"黄学"的思想内容之后，也就可以比较黄学与老学的主要联系与区别。黄学对《老子》的"道"作了较多唯物论的解释，所以尽管它吸取了《老子》的许多思想资料和术语，但两者的实质和含意多有不同。《老子》不讲法治，蔑弃礼节，鼓吹"小国寡民"，主张"弃智"、"寡欲"、"清静"、"无为"，黄学则是改造和发挥了《老子》道的学说，变"无为"而"无不为"，有选择地吸收了法家的思想主张和儒、墨、阴阳、名家的一些成分，可以说是以道法为主，兼及名家学说。黄学是从老学演变发展而成的一种新流派。由于黄学、老学都是以"道"为学说的核心，所以汉代人均称之为道家。据司马迁之父司马谈在《论六家要旨》中说：道家的长处是"因阴阳之大顺，采儒墨之善，撮名法之要"。这四种古佚书"正具有这样的特点。由此可见，汉初的"黄老之学"就其思想内容而言，主要就是指的"黄学"。过去由于不了解黄学，所以对黄老与法家申韩之学的关系总搞不清楚。明明《老子》是不讲法治的，怎么申韩的学说会"归本于'黄老'"呢？有人认为这仅仅是司马迁个人的看法，还有人甚至对《史记》中老子与韩非同卷也提出了疑问。现在才明白，与法家学说直接相关的是黄学中道法合一的刑名理论。司马迁将老韩合卷是有道理的。

## 4.《周易》

帛书《周易》包括经、传两部分。经即《六十四卦》，传即《二三子问》《系辞》《易之义》《要》《缪和》《昭力》六篇。经文部分发表最早。《文物》1984 年第 3 期发表了马王堆汉墓帛书整理小组的《马王堆帛书〈六十四卦〉释文》。1992 年《马王堆汉墓文物》刊出了帛书传文《系辞》的全部照片及释文。同年 10 月，韩仲民《帛书说易》出版，附刊所著《帛"易"系辞校注》。陈鼓应主编《道家文化研究》第三辑《马王堆帛书专号》发表了张政烺帛书《系辞》校本与陈松长所写帛书《系辞》的释文，后又有廖名春的帛书《系辞》释文发表。帛书传文不见于今文的诸篇，于 1993 年 8 月在《道家文化研究》（上海古籍出版社出版）第三辑上刊布了《二三子问》《易之义》与《要》三篇的释文。《缪和》《昭力》二篇释文在

1995 年 1 月于《国际易学研究》第一辑发表。同年 6 月，《道家文化研究》第六辑也刊出了不同的释文。帛书《周易》受到海内外学术界普遍关注，有丰富的研究成果。《六十四卦》共九十三行，字数四千九百余，首尾基本完整，每卦均有卦图，卦名多用通假字，如"乾"写作"键"、"坤"写作"川"之类随处可见。与通行本对勘，帛书本最大的差异是卦序不同。通行本分上、下经。上经三十卦，始于乾，终于离。下经三十四卦，始于咸，终于未济。"彖"、"象"、"文言"等解说文字，分别附于卦辞、爻辞之下。帛书本则不分上、下经，六十四卦序是始于键（乾），终于益，没有"彖"、"象"、"文言"。有的学者认为，这种排列顺序有自己的排列原则和衍生关系，不像通行本那样需要《序卦传》来说明卦序排列的理由，而且帛书的卦序排列已包含了易学中八卦取象的观念，具有阴阳对立交错的思想。《六十四卦》的卦辞、爻辞与通行本也多有不同。据统计，卦辞一共才六百三十六字，不同的就有八十一个；爻辞一共三千四百四十八字，不同的就有七百七十一个。帛书《易传》六篇，都是解《周易》本文的。除《系辞》与通行本基本相同外，其他都是久已失传的另本《易传》。例如，《二三子问》共三十六行，通篇都是以问答的形式，分别对乾、坤、蹇、鼎、晋、屯、同人、大有、谦、豫、中孚、少过、恒、解、艮、丰、未济等卦的部分卦、爻辞进行了解说。这些解说大多不提占筮，不强调什么卦象、爻位说的理论，而是径从儒家的政治哲学中取义发挥。《系辞》共四十七行，三千余字。与通行本相校，它不分上下篇，没有"大衍之数五十"这一章和通行本下篇中的部分章节。另外，"昔圣人之作易也……是故易达数也"一段，约一百五六十字，今本移作《说卦》篇首。除此，许多语词也不相同。《易之义》的两千余字，主要是讨论阴阳卦象的内容，强调阴阳和谐相济的道理，其中还包括通行本《说卦》的第三节和《系辞下》的部分章节。《要》篇末尾有篇名和全文字数，共一千六百四十八字，现存十八行半，一千零四十余字，估计残缺约九行。主要内容是假托孔子与学生的问答，阐述损益之道的哲理。子贡的名字屡见。《缪和》《昭力》两篇实际上可视为一篇，因为在内容上，两篇都是传"易"的人与缪和、吕昌、吴孟、李平、张射、昭力等人以问答的形式讨论易学原理。《缪和》篇末题有篇名而缺记字数。《昭力》篇幅很短，但篇末则题有"昭力，六千"。很显然，这"六千"应是指《缪和》《昭力》字数的总和。

**5. 帛书《刑德》**

帛书《刑德》有甲、乙、丙三篇。甲篇用古隶，全篇文字五千有余，分上下两栏抄写。右起上栏约三十一行文字，然后用朱墨二色绘有干支纪年表，其中在标有"壬辰"的式图内有"张楚"字号。另在干支表左侧，有"今皇帝十一年"的记载。据查证，所谓"今皇帝"也就是对汉高祖的尊称。由此可知，这篇帛书是汉高祖刘邦在位时抄成的。干支表的左侧绘有"刑德运行九宫图"，中宫为一圆圈，圈内正中书一"土"字，四周按方位墨书"刑戊子、德戊午"等字。圈外分四方标出"金、木、水、火"四行之名，然后围绕中宫分别绘有方格形八宫，八宫各写有"刑德、丰隆、大音、雷公、雨师、风伯"等神名和干支。下栏文字则是对刑德运行的诠释和许多以刑德占测吉凶以及战争胜败的规定。乙篇的篇幅和甲篇差不多，保存得较完整，内容与甲篇基本相同，但其抄写的字体是比较规范的汉隶，图文排列顺序与甲篇正好相对。同样是上下两栏，但它右起上栏首先就彩绘出"刑德运行九宫图",图的左边彩绘六十干支纪年表,其中"壬辰"年的式图内亦标有"张楚"年号,而"丁未"年的式图内标有"孝惠元"的年号,由此可知这篇帛书是孝惠帝死后,很可能是吕后时抄写的。在《九宫图》和《干支表》的下面一栏中,抄录了一篇二千余字的文章。它以朱点分节,较详细地介绍了刑德在《九宫图》中的运行规律。在这两栏的左边,以通栏的形式,抄录了一篇约三千字的文章,其内容主要是一些关于星占、气占、星宿分野等方面的兵阴阳的理论。特别是诸如"房左骖,汝上也;其左服,郑地也;房右服,梁地也;右骖,卫也"之类的分野,是大异于传世的星宿分野理论的,为传统的数术学研究提供了崭新的珍贵资料。丙篇残损严重,现存原物已分别揭裱为十七张残片。从残片看,该篇有粗重的朱栏纹格和图形残迹,可知亦有图文。从其现存残片上的文字与甲篇相近,抄写年代亦应与之相同。

**6.帛书《战国纵横家书》**

此书是一部主要记载战国时代纵横家苏秦等人的书信、说辞的古佚书,共二十七章、三百二十五行、一万一千二百多字,原无篇题,现定名为《战国纵横家书》。其中十章的内容见于今本《战国策》,有一章见于《史记》,不过文字有所出入。另外十六章则是佚书。今本《战国策》是西汉末刘向编定的。据刘向在序录中说,在这之前,这些书"或曰国策,或曰国事,或曰短长,或曰事语,或曰长书,或曰修书",没有一定的名称。帛书中的这一部分佚书,既不按国分策,也未按时代顺序编排,可能是上述这些书中的一种。书中讲到了秦始皇十二年(公元前235年)秦魏伐楚的史事,它的成书年代当在

秦末汉初。书中避刘邦讳，而不避刘盈讳，应是汉惠帝时的抄
本。根据其内容、书例等情况，可以清楚地划分为三个部分。
前面十四章是较早流行的有关苏秦的资料。从第十五章到第十
九章，每章后面都记明了字数，末尾又有这五章的总字数，可
见当系另一来源。最后八章是另外收集的，前三章与苏秦有
关。这卷佚书包括了苏秦、苏代、苏厉、田婴、李兑等人的上
书或言论，而以苏秦的游说资料占到三分之二的篇幅。有人认
为可能是早已失传的《苏子》三十一篇。佚书的前十四章中，
有十二章和第四章的一部分内容是新发现的。这些资料反映了
公元前 288 年前后的一段时间里，苏秦为燕王到齐国去进行游
说活动的经过，齐闵王亡国前夕的局势变化，齐、燕、三晋
（赵、魏、韩）五国合纵击秦的部分细节以及相互勾心斗角的
一些内幕，内容十分丰富。帛书的发现，纠正了过去所传苏秦
事迹的许多错误，又可以补充这一段战国时代的历史记述。以
帛书和今本《战国策》对照，可以作为校勘工作的依据。由于
《史记》中错将苏秦的卒年从公元前 284 年提前到了燕王哙时
（公元前 320—前 311 年），把本在张仪之后的苏秦变成了与张
仪东西对垒，而且长于张仪的传奇式人物，于是那些属于苏秦
的真实事迹和史料反而被忽视，有的只能张冠李戴，加到苏秦
的兄弟苏代、苏厉的头上，造成了苏秦事迹以及有关史实的极
大混乱。以后又影响到《战国策》，书中原先属于苏秦的资料，
也被后人依《史记》而错改。《战国纵横家书》在一定程度上
对此作了澄清，如第四章中有"臣秦拜辞事"一语，表明说者
是苏秦，这是苏秦资料中带有自传性的极为重要的一篇。其中
有三段文字也见于《战国策·燕策二·苏代自齐献书燕王章》，
错误地将作者判为苏代。又如第二十二章《苏秦谓陈轸》，内

容与《史记·田敬仲完世家》所记相同，但《史记》中游说者是苏代，他自称“今者臣立于门”。但是，帛书上却是“今者秦立于门”，表明这个说客应是苏秦而不是苏代。在文中，苏秦自称名，而尊称楚国的陈轸为公，可见苏秦是陈轸的晚辈，当时是公元前312年，苏秦在楚游说陈轸门下，还仅是初露头角，而这时的张仪已是“烈士暮年”了。显然《史记》中关于苏秦和张仪是同学的说法是靠不住的。《战国纵横家书》里还有四篇佚书：第七章《谓起贾》、第二十五章《李园谓辛梧》、第二十六章《见田倂于梁南》、第二十七章《麛皮对邯郸君》。其中记载了许多过去不知道的事情，如李园杀了春申君之后做了楚国的执政大臣，燕孝王派蔡鸟入秦献给秦相吕不韦河间十城等，充实了战国史的内容。

**7. 帛书《春秋事语》**

帛书中有一部记载春秋历史故事的古佚书，残破严重。全书分十六章，每章之前有圆点作为标志，都没有章名。一章记述一件史事，彼此不相联贯，不按时代先后次序编排，也不分国别，共九十七行，约有二千多字。内容有鲁隐公被弑，齐使公子彭生杀齐桓公，鲁公子庆父弑君，宋襄公泓水之败，子贡见太宰嚭，秦杀大夫绕朝，晋灵公欲得随会，韩、赵、魏三家灭智伯等。其史实基本上与《左传》相合，但议论有所不同。有些是《左传》等旧有文献上所不见记载的。有的学者根据《史记·十二诸侯年表》所见左丘明的四传弟子铎椒“为楚成王傅，为王不能尽观春秋，采取成败，卒四十章，为《铎氏微》”，认为这部古佚书可能就是《艺文志》中《铎氏微》一类的书。也有的学者认为，这部书约十八段，可能是“捃摭《春秋》之文以著书”的《公孙固》十八章。另一种意见认为这部帛书略记史事，偏重议论，文意浅显，体裁、内容很像古语中所说"语"，即教材，所以将其定名为《春秋事语》。《春秋事语》所记史实，虽绝大部分见于《春秋》三传和《国语》等书，但有些内容可以补旧史的不足。例如，第五章《晋献公（按：应作灵公）欲得随会》记的是秦国的绕朝识破了晋的间谍，但秦王不用谋，绕朝反而被杀的故事。《左传》所记不全。《韩非子·说难》中有"故绕朝之言当矣，真为圣人于晋，而为戮于秦也"，如不见帛书，《韩非子》这些话无法理解。

### 8. 帛书《五星占》

帛书《五星占》共一百四十四行，约六千字，分九章。内容主要是木、金、水、火、土五星占及五星行度。前是占文，占文保存了甘氏和石氏《星经》天文书的一部分，其中甘氏的尤多。特别值得提出的是，末尾三部分用列表的形式列出秦始皇元年（公元前 246 年）至吕后元年（公元前 187 年）六十年间木星的位置，从秦始皇元年到汉文帝三年（公元前 177 年）整整七十年间土星、金星的位置，并描述了三颗行星在一个会合周期内的动态。这是一份极其珍贵的天文资料。它向人们表明，当时已经在利用速度乘时间等于距离这个公式把行星动态研究和位置的推算工作有机地联系起来。这就比战国时代甘、石零星的探讨前进了一步，而成为后代历法中"步五星"工作的先声。帛书所载的金星会合周期为 584.4 日，比今测值 583.92 日只大 0.48 日；土星的会合周期为 377 日，比今测值只小 1.09 日；恒星周期为 30 年，比今测值 29.46 年大 0.54 年。从马王堆 3 号墓的安葬日期为汉文帝"十二年二月乙巳朔戊辰"，即公元前 168 年颛顼历 2 月 24 日以及其中的天象记录到汉文帝三年为止，可以断定帛书的写成年代约在公元前 170

年左右。这比《淮南子·天文训》约早三十年，比《史记·天官书》约早九十年，但其中的这些数据却远较后者精确。因此，这是现存最早的一部天文书，在天文史的研究上具有特别重要的价值。

### 9. 帛书《天文气象杂占》

此书高 48 厘米，宽约 150 厘米。上面用朱、墨二色绘有云、蜃气、晕、虹、月掩星、恒星和慧星等各种天象图约二百五十幅。还有简短的文字说明，包括图像的名称、解释、占文等。这些内容从上而下排成六列，每列自右向左分成若干行，共约三百行。每行上面是图像，下面是文字，有些行没有图像。此外，在卷末另有三列内容相似的占书。整个看来像一幅天象图谱，其中云、虹等内容属于现代气象学，所以定名为《天文气象杂占》。这是一部利用天象占验灾异变故、战争胜败的书籍。书写的字体近于篆体，不避刘邦讳，抄写的时间至迟也在汉初几年，成书的年代可能更早。书中云图部分，将楚云排在战国群雄之首。在提到鲁定公四年（公元前 506 年）的柏举之战时，称吴人为寇，说"寇至大人奢来"，"吴人袭郢"，完全是楚人的口气，看来它很可能是战国时期楚人的作品。书里记明一些材料引自"任氏"、"北宫"、"赵"等人，可见它是在选取各家著述的基础上汇编成书的。帛书将云排在第一、二列开头，以晕最丰富。从第二列中部起，一直到第五列，大多是画有太阳或月亮，而在旁边加上圆圈或各种线条。可惜第三、四列严重残缺，所剩不多。蜃气排在第二列末尾。虹除一幅外，都排在第六列开头。月掩星只有三条，都排在第二列，即"月食星"、"日星入月"和"月衔两星"。恒星也仅两条，都排在第六列。一个像现在的天蝎座，即古时二十八宿中的房、心、尾三宿，其下的占文是"天（火）出营或（惑），天下相惑，甲兵尽出"。心宿中央的红色大星（天蝎座 d 星），俗名大火。占文的意思是火星如果在大火附近出现，天下就会有兵乱。这和《史记·天官书》中的营惑"出则有兵，入则兵散"也是符合的。一个是北端七星，排在第六列尾，位于天蝎和北斗之间。有三十幅慧星图，除一条磨灭和一条不清外，其余都很完整，并且每个图下都有名称，可以说是这二百五十幅图中排得最整齐、材料最完整和意义最大的一部分。

### 10. 帛书《五十二病方》

《五十二病方》是一种久已亡佚的医学专著。此书有头有尾，仅中间有两处缺损，写在高约 24 厘米的半幅帛上，折成三十余层，出土时折叠处已断裂，成为长方形页片。现有四百五十九行，每整行约三十二字，共一万余字。前面的目录列有五十二种疾病的名称，包括内科、外科、妇产科、小儿科、五官科的病名。正文则以这五十二种病名为标题，记载了发病原因和症状以及治疗该病的医方，列出各种方剂和疗法，少则一二方，多的二三十方。现存医方总数为二百八十方，原来应该有三百方左右，少数部分已残损。书中提到的病名，初步统计为一百零八个。内科有"伤痉"、"癫疾"、"痫"、"癃"（小便不利）、"瘕"（虐疾）、"肿囊（疝气）、"颓"、"膏淋"（乳尿糜）和破伤风、肠道寄生虫一类病症。外科有各种诸伤（金伤、刀伤、出血等）、痈疽、体表溃疡、动物咬螫、痔疮、体表良性肿瘤、"牡痔"（外痔）、"牝痔"（内痔）、"瘃"（冻疮）、"䐃"（漆疮）、甲状腺肿等。妇科有"子痫"、小儿惊风等。五官科有"疕"，应是一种眼部疾患。书中二百四十二种药名中，不见于我国现存最早的药物专著《神农本草经》的接近一半。

按来源分，有矿物类、草类、谷类、菜类、木类、禽类、鸟类
药物，还有人部药，如人发、乳汁等。医方中开始出现了早期
的辨证施治观念。外治在《五十二病方》里占有很大的比重。
所采取的方法除药敷外，还有药浴法、烟熏或蒸气熏法、熨
法、砭法、灸法、按摩法、角法等。角法类似后来的火罐疗
法，用以治疗外痔。这些都是有关疗法的最早记录。不少药方
后面注明"已验"、"尝试"、"令"（意思是灵验），说明它们曾
在医疗实践中经历过反复验证。《五十二病方》的字体为篆书，
在马王堆帛书中是字体较早的一种，抄写年代不会晚于秦汉之
际。与传世的古代医书对照，可以看出在医学理论和医疗实践
方面有着更为原始、古朴的特色，还看不到《黄帝内经》中已
经出现的五行学说的痕迹，阴阳学说也很少反映。难得提到脏
腑，没有各个腧穴（即穴位）的名称，只提到"泰阴"、"泰
阳"两个脉名。关于药物的剂型，书中虽然事实上存在汤剂、
丸剂、散剂等，但却只提丸，没有汤、散的名称。至于膏剂和
丹剂，则完全没有出现。各个医方都没有方名。除药剂外，书
中的治疗方法有灸法、砭法，而没有针法。由此可见，医方书
的产生年代应早于《黄帝内经》纂成的时间。

　　在《五十二病方》卷前有关于古代医学理论方面的四种佚
书。其中《足臂十一脉灸经》和《阴阳十一脉灸经》甲本论述
人体内十一条脉的循行、主病和灸法，是研究中医经络学说形
成过程的珍贵资料。《足臂十一脉灸经》共三十四行，约七千
余字，分"足"、"臂"两篇。《阴阳十一脉灸经》甲本抄录在
《足臂十一脉灸经》之后，共三十七行，约八千余字，均用秦
篆书写。两书中都还没有出现"经脉"一称，只有"脉"字。
在《足臂十一脉灸经》中将"脉"书作"温"，这是第一次见

于古医学文献中对"脉"字的古写。在《阴阳十一脉灸经》甲本中将"脉"写作"脈"。两部古经脉书所记载的人体经脉数目均只有十一条，而不是《黄帝内经·灵枢·经脉篇》中的十二条，即没有手厥阴脉。有些脉保留了更古老的名称，如没有手太阳、手太阴和三阴阳三个脉名，而分别称之为肩脉、耳脉和齿脉。这种命名方法是根据脉的循行过程中的主要部位作为脉名的。由于这三个脉名既不分"手"、"足"，也没有阴脉和阳脉的概念，因而具有更加淳朴的原始性质。各脉的排列次序，《足臂》是根据先"足"脉后"手"脉的原则，《阴阳》是根据先阳脉后阴脉的原则，而《经脉篇》中不仅考虑了"手"、"足"、"阴"、"阳"的特点，而且更补充了各脉之间的表里配合关系，进一步加以归纳充实，使之更加系统化。关于脉的循行方向，《足臂》中十一脉都是向心性的，即从四肢末端流向躯体中心的胸腹或头面。在《阴阳》中，循行径路有了初步调整——已经开始有手太阳脉和手太阴脉。它们采取了由躯体中心流向四肢末端的远心性方向，但其余九脉仍采取向心性方向。到了《经脉篇》则出现了更复杂的循环方向：十二脉中有一半仍为向心性循行方向，另一半为远心性循行方向。至于全身各脉的循行路线，《足臂》和《阴阳》中每条脉各自独立，互不相干，并且都是分布在体表，很少有脉与脏腑、脉与脉之间互相联系、互相传递的记述。而到《经脉篇》时，已发展为全身体表经脉密布，并深入体内和其相应的腑脏相连接。在脉与脉之间出现了表与里相对应的关系，以至各脉依次衔接，成为周而复始的循环系统。当然最大的不同是这两部帛书都只叙述了十一个脉，没有手厥阴脉，到《经脉篇》才增添了手厥阴脉，构成十二经脉。自从十二经脉出现后，开始逐渐取代了十

一脉的概念，但是，仍然不时露出有关十一脉的一些痕迹。在
《灵枢·本输篇》中虽然提到"必通十二经络"的话，但在论述
每条脉的五俞穴时，却没有"手厥阴脉"之名，全部只有十一
个脉名。在《灵枢·阴阳系日月》的开始时，也有"十二经脉"
一称，但在论述每条经脉与干支配合时，同样只有十一个经脉
名称，独缺"手厥阴脉"。可见尽管在《黄帝内经》的上面两
段文字中冠用了"十二经脉"的主题，但并没有改动十一脉的
实际内容，而"手厥阴脉"是十二经脉中最晚出现的一个，这
是一清二楚的。

　　在后面要介绍的《导引图》之前的两篇佚书中，有一篇为
《阴阳十一脉灸经》乙本，与甲本内容基本相同，可能是出于
同一来源，现存十六行。

　　《五十二病方》前还有两部论述经脉的诊断著作，一为
《脉法》，另一为《阴阳脉死候》。《脉法》十二行，可分五节，
文字残缺较甚。第一节与第五节均论脉法的重要意义，第二节
论用灸导脉，第三节论用砭法启脉，第四节论病脉。其价值一
是提供了有关经脉概念的一些原始资料。二是指出了治疗方法
和刺激部位。灸法重寒头暖足，这是诱导刺激。砭法讲求大小
深浅四种不同程度的刺激方法。砭法讲面部刺激。灸法在脐部
和其上三寸刺激，但无具体穴位。三是提出引导气行越关节的
治疗思想。四是讨论了有关脉（经脉）的主病问题，但具体内
容不详。《阴阳脉死候》仅四行，内容论述三阳脉的死候只有
"一死"，三阴脉的死候有"五死"。关于"五死"的内容，也
见于《黄帝内经》，但已有很大改变。

**11. 帛书《养生方》和《杂疗方》**

　　在马王堆汉墓出土全部医药书中，除了帛书《五十二病

方》载方药最多，其次就要数帛书《养生方》和《杂疗方》的有关记载。

《养生方》现有二百二十六行、三千余字。原有三十二个标题，可辨识的有二十七个，现存药方八十八个，除了少数祝由方和导引方不载药物，绝大多数处方是载有药物的。处方可归纳为七个方面：一是治疗阳痿方；二是一般壮阳方；三是一般补益方；四是增强筋力方；五是治疗阴肿方；六是女子用药方；七是房中补益方。帛书字体介于篆隶之间，抄写年代当在秦汉之际。全书字体、笔迹基本一致，文字缺损严重，估计原书有六千字左右。

《杂疗方》残损严重，现存文字七十九行，有相当多行缺文极多，因此全文仅能窥其大概。现存文字大约包括四个方面的内容：一是增强男女性机能的方法。二是产后埋胞衣法。根据"禹藏埋胞"图选择埋藏胞衣，以求小儿一生健康长寿。本卷帛书有文无图，在同墓出土的帛书《胎产书》中则有图无文。三是关于强身益内、抗老延年的养生法。四是蜮、蛇等伤的预防和治疗。所载药物可辨认的大约四十多种。所载处方相当部分为外用药，且多为补益男女性机能的处方。

**12. 帛图《导引图》**

这幅帛图复原后，长约 100 厘米，高约 50 厘米（图二五）。图前没有总名，每个图像旁都有题字。从运动姿态和所标文字内容推定，应该是古代的《导引图》。它是迄今我国考古发现的时代最早的健身图谱，为研究我国独特的"导引"疗法的源流、发展提供了有价值的资料，也使人们能够形象地了解古代"导引"的有关动作和具体细节。此图彩绘有四十四个不同运动姿态的人像，分列四排，每排十一人。人像高

图二五　导引图

9厘米至12厘米。从形态和服饰看来，有男有女，有老有少。有的穿长袍，有的穿短裙短裤，甚至有裸背的，都以黑色线条勾画轮廓，然后填以朱红或青灰带蓝色。除个别人像手执器械外，没有别的背景。每个人像旁有术式名称，因帛画残缺，能看出字迹的仅有三十一处。从能够辨识的文字结合术式来看，可分为几类：第一类是描绘运动的姿态。有伸展、屈膝、侧体、腹背、转体、全身、跳跃、舞蹈等肢体运动，有呼吸运动，也有使用棍棒、沙袋、盘碟和球类的器械运动。"以杖通阴阳"，画的是一个穿裙妇女，手执长棒，弯腰下俯，双手呈直线状极力展开，促使人体上半身位置下移，下半身位置相对上举，用以"调和阴阳"。"卬谑"（仰呼），绘一男子直立，挺胸，两臂举向后上方，作仰天长啸的姿态。第二类是说明这类运动是模仿哪种动物的姿态。如"䍃北"（鹞背）、"堂狼"（螳螂）、"蚩（龙）登"、"信"（通"伸"，应即鸟伸）、"沐猴讙"（猕猴喧哗）、"鹢"、"笺墟"（猿呼）、"熊经"、"鹤"等。"熊经鸟伸"是先秦以来最常用的导引动作，但未见过形象的说明，而这些图形则对其作了形象的说明。"熊经"，画一着长袍男子模仿熊在攀援树木。"信"，画一赤背短裤男子弯腰，两手支地，两腿紧靠，头向前伸，两目直视正前方，就像鸟在舒展身体，呼吸空气。《导引图》极为浓厚地保留着模仿动物的单纯动作，从而显示出简朴的特色。第三类数量最多，也最重要。它是说明这种运动方法所针对的病症。如"引𩖶"、"引聋"、"引胠责（积）"、"引项"、"沐猴讙引炅（热）中"、"引温病"、"坐引八维"、"引脾（痹）痛"等。"引"就是用导引术来治疗某种疾病。在"引郄（膝）痛"的画面上，画着一个男子，上身挺立，转体向右，下肢作屈膝状。此图强调运用积极的方法去进行治疗，着意于运动。

在《导引图》前有佚书两种，共二十六行。一为前面已经提到的《阴阳十一脉灸经》乙本，共八行，叙述了十一脉顺序，亦为先阳脉后阴脉，其他方面也与《阴阳十一脉灸经》甲本相同，可能出于同一来源。另一为《却谷食气》篇，原文无篇题，共八行，四百七十八至四百八十五字左右，是目前所能见到的关于气功的最早的文献材料之一，中心内容是呼吸养生。分析了一年四季分别出现"六气"的有利天气环境的时间，进行有节奏的深呼吸，但不在五种有害的天气（书中叫"五不食"）进行练功呼吸。"六气"指"朝霞"（又称平旦之气，即清晨）、"输阳"（又称地黄之气，即太阳初升）、"正阳"（又称日中之气）、"铣光"（又称玄中之气，午后太阳被密云遮掩的场合）、"输阴"（又名日入之气、飞泉之气，即太阳刚落）、"行暨"（又名日没之气，即沆瀣，是在夜半）。"五不食"为"浊阳"（浓雾天气）、"汤风"（酷暑加热风天气）、"霜雾"、"清风"（风沙侵袭、冷风瑟缩的天气）、"凌阴"（严寒阴冷的天气）。

### 13. 帛图《太一将行图》

该图为细绢彩墨画，已残缺不全，经修复，现存长 43.5 厘米，宽 45 厘米，接近正方形。此图用淡墨勾勒轮廓，再以朱红、藤黄和花青平涂填色绘制而成，可分上、中、下三层。图上端正中绘戴鹿角的神人，形体最为高大。右侧书一"社"字，左侧书"大（太）一将行□□，神从之以□□"。太一为中心，它的左上方和右上方有二神像，题名为"雷公"、"雨师"。中间一层是四个禁辟百兵的武弟子。右起第一人所执兵器残泐，第二人持剑，第三人未执兵器，第四人执戟。四人左

图二六　太一将行图

右各二，中间是处于太一胯下的黄首青身之龙。青龙和第四人文字题记残漶。第一人题"武弟子，百（？）刃毋敢起，独行莫"。第二人题"我□百兵，毋童（动）□禁"。第三人题"我递丧（？），弓矢毋敢来"。下层，右边有黄龙，左边有青龙，并分别题记"黄龙持钅卢"、"青龙奉熨"（图二六）。周世荣先生根据主神两侧"太一"、"社"题记并见，将这幅帛图定名为《神祇图》，认为太一、雷公、雨师为天神，而社（后土）为地祇（周世荣《神祇图》，载《考古》1990年第10期）。李零和李家浩先生均认为应属《辟兵图》或称《太一辟兵图》（李零《马王堆汉墓〈神祇图〉应属〈辟兵图〉》，载《考古》1991年第10期。李家浩《论〈太一辟兵图〉》，载《国学研究》第一卷，北京大学出版社1993年版）。李学勤先生将主神一侧题字释为"天一"，认为即是太阴、大岁，因此将此图取名为《兵避太岁图》（李学勤《兵避太岁戈新证》，《江汉考古》1991年第2期）。饶宗颐先生则直称为《太一出行图》。究其性质，李零、李家浩、李学勤先生认为是避兵，陈松长先生认为是避风雨、水旱、兵革、饥馑、疫病的驱邪避灾的工具（陈松长《马王堆汉墓帛画〈太一将行图〉浅论》，《美术史论》1992年第3期）。几种意见说法不一，但其本质是一样的。其性质都是避凶趋吉、避灾求福。

**14. 帛图《长沙国南部地形图》**

此图出土时已残破成三十二片，经过细心揭裱、拼接后复原。复原后的《地形图》是一幅长宽各90厘米的正方形地图，幅面方位为上南、下北、左东、右西，跟现在通用地图刚好相反。图中所包括的范围，大致为东经111°至112°30′，北纬23°至26°之间，相当于现在广西全州、灌阳一线以东，湖南新田、广东连县一线以西，北起新田、全州一线，南面直达广东珠江口外的南海。按照通常的以主区命名地图的原则，这幅地图可叫做《西汉初期长沙国南部深水（今潇水）流域地图》，不过现在一般都称其为《长沙国南部地形图》。这幅地图反映出相当高的测绘水平。图上主区画得非常准确。经勘察推算，有一个大致的比例，约在十七万分之一到十九万分之一左右，即相当于一寸折十里左右。图中已经有了统一的图例。凡属长沙国境内的居民地采用两种符号，县治用方框、乡里用圆圈表示。细而径直的线表示道路。粗细变化均匀、弯曲的线表示水道。山脉的画法是闭合的山形线表示山麓的轮廓和它的坐落、走向。山形线里还附加晕线，十分醒目。居民地的记注都在符号内。水道的记注有一定的位置，都在支流入主流的河口处。道路则不加记注。整个水系还敷以深蓝色彩。图上深水水系好比一束充满血液的动脉，自然而舒展，显得特别惹眼。南岭地区层峦叠嶂，山路崎岖，交通运输、行军联络以水路较为便捷，因此河流画得格外详细。图上共有大小水川三十多条，其中至少九条标注了名称，计有牏水、泠水、罗水、营水、□水、垒水、临水、深水以及属另一水系的舂水。深水、泠水还标明了水源。地图上深水水系的主要部分同现代地图作一比较，可以看出河流骨架、流向及主要弯曲都基本相似，有些区域几乎没有什么差别。地图上还清晰地描绘出南岭地区山脉纵横交错、山岭盘结成簇的地貌特征。图右侧，观阳、桃阳一线竖直延伸的南岭山脉勾画得脉络分明，一望而知。南面的珠江水系和北面的长江水系正是以此为分水岭。图左侧，回旋盘亘的九嶷山画得更具特色。除了用较粗的山形线表示山体范围，又用鱼鳞状的涡纹线层叠交错，显出峰峦起伏的山势，很像现

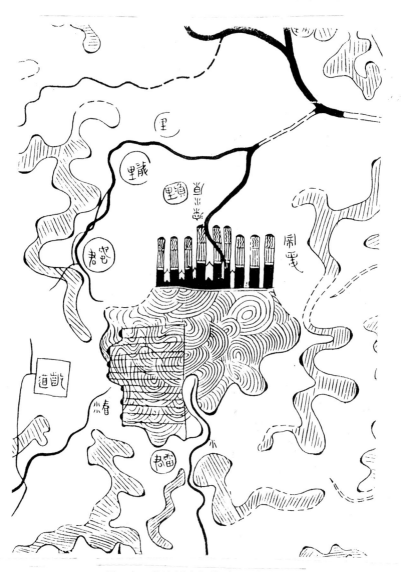

图二七　长沙国南部地形图（局部）

在的等高线画法。向东绘了七个柱状符号，描绘从侧向所能望见的主要山峰，表示各峰巅的排列和高矮。向南还绘有九个单一排列的柱状物，柱头涂有山形线墨体，后面的建筑轮廓隐约可见，旁边注有"帝舜"两字。据《水经注·湘水》中说，九嶷山"南有舜庙，前有石碑"。图上这座建筑物可能就是舜庙，九个柱状符号可能表示九个山峰，也可能表示石碑（图二七）。全图共有八十多处居民地，大致分为县和乡里两级。县级共有八个，名称是营浦、南平、舂陵、泠道、桃阳（或作洮阳）、观阳、桂阳、龁道。前七个县的位置标注得都比较正确，而龁道的位置在九嶷山下的南平、桂阳之间，文献中从未见过对它的记载。可辨认的乡里级居民地有七十多个。深平（今湖南省江华瑶族自治县沱江镇）的圆圈符号比其他乡里级的符号大几倍。县级符号的大小也有差异，可能与地域大小、人口多少等情况有关。此外，在都庞岭东侧有一记注为"□鄀"。"鄀"原是关塞的意思，但也可能沿用作地名。在长沙国界外的珠江流域注有"封中"二字，字外没有边框符号，大约是指南越的封阳和中宿地区。

### 15. 帛图《驻军图》

此图出土时残破成二十八片，经拼接复原，现图是一幅长98厘米、宽78厘米的军用地图（即在地形图上根据作战意图、计划，按照地形等条件，标定兵力、武器配置、作战态势等情况的地图）。这幅地图只表示长沙国自己一方的军队，而没有表示赵佗的军队和军事内容，说明它是重在防守的军事地图。用黑、红、田青三色绘制。图的左侧、上方，分别标有东、南二字，方位与《长沙国南部地形图》一致。它所包括的范围是《长沙国南部地形图》的东南地区，主区位于大深水流域，即今湖南省江华瑶族自治县的沱江流域一带。这个区域画得比较详细，比例大体上为八万分之一到十万分之一左右，比《长沙国南部地形图》放大约一倍。南面属南越方面的邻区，画得比较粗略，仅为示意。图中文字注向不一，便于四面围观。图上用深颜色把驻军营地、防区界线等要素突出表示在第一层平面，而把河流、山脉等地理基础用浅色表示于第二层平面，这与现代专用地图的两层平面表示法是一致的。图中用浅天青色绘有大小河流二十条，其中十四条在它的上源注记了名称，如大深水、如水、资水等。水川骨架画得非常细致准确，有利于军事要素的定位。山脉用黑色"山"字形曲线表示，山体两端空白处还画有一些属于装饰纹之类的图形。图上至少有九处标注了山的名称，如蛇山、留山等。除山川外，着重表示了以下各要素：用黑底套红勾框标出部队驻地、军事工程、鄣塞，框形及大小，似与地形、驻军多少有关。用红线表示防区分界线。红色虚线表示交通道路。红色三角形标示"封"（烽火台）。此外，还有乡里、城邑等。整个防区的界线大致通过四周的山脊线。南界基本上与南岭主脊相吻合，前面正对南越，当为防区前沿。防区正面宽约 40 公里，纵深约 50 公里。九支部队大致分为两线部署兵力，并依托三条山脊扼守南越进入长沙国腹地的通道。第一线兵力为徐都尉的三支部队，部署于南沿的山脊北侧，大体成一线配置。第二线兵力为周都尉两支部队。徐都尉一支部队隐蔽在山背面三条大谷内，距第一线约 15 至 20 公里。配置在指挥部左后方的为司马得的两支部队，类似预备队，以上成梯形配置。左邻部队为"桂阳□军"。在第一线前沿顺山坡向下约 5 公里的地方标有八个居民点，是天然前哨点。指挥部放置整个防区中央（图二八）。从图示

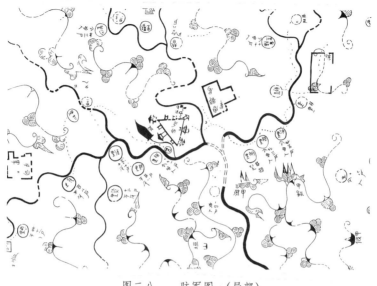

图二八　　　驻军图　（局部）

标记分析，它是一座三角形城堡，内注"门"、"箭道"，设有城垣和五个箭楼、四个战楼，成一复合防守工事。城垣南侧另设一望楼，有弯曲的道路与城堡相接，注有"复道"二字，大概是一种隐蔽的通道。城堡左侧拦水筑坝，成一水塘，堤坝特意用红线标出，塘水用青蓝色表示，旁注"波"（通陂），即池塘。指挥部设在紧靠第二线部队的后侧，距前沿阵地约30公里，相当于一天左右徒步行程，地处四条河流汇合处。指挥部前方有几条河流直达前沿阵地，背临大深水，便于从水上与后方联络。图上防区的山脊线上标绘有七个封台，即烽火台。它们都设在水道的最上游，利用了最便于同指挥部和驻军往返联络的地形条件。守备区域内道路交相连接，南沿通道更多，有的还标明了里程。如正南面徐都尉军营地附近的"封里"处，标有"到廷里五十四里……到袍里五十里"的字样。在指挥部的右后方，有四处尖形标记，注有"甲钩"、"甲英（缨）"、"甲攸"字样，很可能是兵器、辎重、装备等后勤供应部门，相当于兵械仓库。它们坐落在深平城与指挥部之间，靠近大深水，既隐蔽安全，又便于前运后济。图上共注居民地五十余处，绝大部分标明了户数。最多的"龙里"有一百零八户，最少的"资里"只有十二户。有些注明"今毋（无）人"，如"绀里卅三户，今毋人"；有些注明并入另村，如"兼里"旁注"并虑里"；也有注明"不反"，如"龙里，百八户，不反"。纵览全图，可以知道当时长沙国南部驻军是采取的凭险固守的态势。图上军事部署之严密，地形利用之巧妙，对各军事因素思虑之详审，都充分说明了由于长期的战争实践，汉初的军事思想和指挥艺术已发展到了一个新的水平。

马王堆3号墓出土的《长沙国南部地形图》和《驻军图》是世界上现存最早、具有相当科学水平的实用彩色地图，也是我国至今发现的最古老的地图之一，比传世的南宋刘豫阜昌七年（公元1136年）的《禹迹图》《华夷图》石刻要早一千三百多年。它足以证明我国二千一百多年前的地理科学和测绘技术确实具有了与历史记载完全相符的高度水平。这两幅古地图中得这样精确，显然是以相当科学的测量方法和数学计算为依据的。南岭、九嶷山地区山重水复，地貌十分复杂。在这样的地形条件下，单凭步测绳量难以进行远距离、大面积的测量。要取得正确的方位和距离，除了直接测量一下地段，还必须进行间接测量。间接测量的方法，在汉代称为"重差术"，就是利用"相似三角形对应边成比例"的几何原理测山高、测城邑大小的方法。

### 16. 帛图《园庙图》

此图与《导引图》绘于同一幅帛上，或称《园寝图》。图幅纵 48 厘米，残破严重，经拼接，残存部分横约 48 厘米。下部边缘用黑线缝缀。此图上部为一不规则的封闭图形，中间用席纹斜线表示，与《长沙国南部地形图》《驻军图》中山的画法相似。图形中间有一凸形空白，其方形部分纵横各 2.5 厘米，下面突出部分纵 0.9 厘米，横 0.7 厘米。图形右下角有两个正方形，边长为 0.7 厘米，上部有一纵 0.8 厘米、横 0.6 厘米的长方形，均涂以红色。图下部绘有城邑。城垣用较细的墨线勾画，纵 20 厘米，横 18.8 厘米。正门为庑殿顶重楼式建筑，边门则为单层建筑。外垣之内有内垣。内垣有门三座，有的是单层建筑，左侧门由于画面残破，有无建筑已难确定。城内布局，上半部分划为几个大小不等的方形或长方形，有建筑物六座，式样与内垣门相同。下半部分划分为左右两侧。左侧是主要建筑，绘有长方形框，纵 3.5 厘米，横 7.4 厘米。右侧绘有两个长方形框，各纵 4.7 厘米、横 3.8 厘米。另有一方框，纵横 7.8 厘米，均涂以红色。据初步分析，此图内容可能是轪侯利苍的墓茔和城邑。席纹中所圈空白图形系墓坑及墓道，上部红色方块为墓园内的享堂一类建筑。在墓道部分有少数文字，但字迹模糊难辨。图下部则为地邑或祠庙。

**17. 帛图《筑城图》**

此图已残破成三十余小块，长宽约 30 厘米。根据残字中"城周二百九十一步"，南北长"五十六步"推测，东西约为九十步。残字中还发现"南推门"、"东西偶楼"、"佐史侍舍"、"侍舍"以及"瓦盖"、"管盖"和"地广一丈"、"深六尺"等字样，说明这一城堡状的建筑很可能是县邑之类的建筑。

**18. 帛图《丧服图》**

此图出土时已残破不全，修复后，其图文已基本清晰。现

图高 48.4 厘米，宽 26.2 厘米。其内容可分四部分：一、大华
盖。在图的上部中央，先用淡墨线勾绘轮廓，再在盖面内填红
色。二、文字。大华盖之下左右两边各书一段文字。其中右边
的两竖行文字字体较大，篆体，内容为"三年丧属服廿五月而
毕"。左边文字四竖行，隶书，但带浓厚篆体风格，内容为
"行其年者父斩衰十三月而毕。祖父、伯父、昆＝弟＝之子＝
孙（昆弟、昆弟之子、子、孙）、姑、姊、妹、女子＝（女子
子）皆齐衰，九月而毕。箸（著）大功者皆七月。小功、缌皆
如箸。"三、方块表格。大华盖及两段文字之下为由横竖各六
行小方块组成的整体近似菱形的表格，方块之间连以墨线。其
中左边两竖行方块先用墨线勾绘方框，再内充红色，其余四竖
行方块均为黑色。表格中间竖行方块的下半部分已朽蚀无存。
四、小华盖。在方块表格下面的中部，用墨线绘有一小华盖状
图案。文字中的"三年丧"是指为天子所服的斩衰三年。左边
长段文字的意思是父死，行居丧二年之礼，穿斩衰之服，实际
守孝十三个月就结束。祖父、伯父、兄弟、侄子、儿子、孙
子、姑母、姐姐、妹妹、女儿死，都是穿齐衰之服，实际居丧
九个月就结束。其他按礼居丧时穿大功之服者，实际居丧七个
月就结束。后丧时按礼当穿小功、缌麻之服者，实际居丧时间
均按所穿孝服等级所规定的日期。方块表格实际上是一幅墓主
生前五服之内的父党系亲属关系网络图。先秦时儒家规定的丧
服之制及其他丧礼，可以从《礼记》《仪记》等儒家经典中得
知。秦及西汉初年实行的丧服制度，前史无证。秦王朝在丧服
制上"亢上抑下"，将先秦时本是子为父、诸侯为天子、臣子
为诸侯等共同采用的"三年之丧"，变为只有皇帝专享。3 号
汉墓所出《丧服图》上所载的不同于先秦的丧服之礼，无疑就

是秦及汉初实行的丧服制度。从这个意义上来说，《丧服图》的出土填补了秦及汉初丧服礼制的空白。

### 19. 帛书《相马经》

《相马经》也是根据帛书内容补加的篇名，书写在半幅帛上，共七十七行，约五千二百字，是一篇富有文学色彩的辞赋体的文章。全篇分为三个自然段，其中第一段与第三段类似骈文，晦涩难懂，第二段文字较简练朴素。第一、三段中的专有名词不见于第二段，而第二段中名词也不见于第一、三段。帛书一开始就提纲挈领地指出"好马欲得兔之头与其肩，欲得狐周□与其耳其肫，欲得鸟目与颈膺，欲得鱼之者与腮……得兔与狐、鸟与鱼，得此四物，毋相其余"。这一段与古代传说伯乐相马经中的"头欲得方，目欲得光，脊欲得强，腹胁欲得张，四下欲得长"等提法虽有相似之处，但又有一些差别。帛书所述不仅马有良奴（驽）之分，而且把良马更区别为国马、国保（国宝）、天下马或以绝尘来形容。帛书还特别注重相眼，通过十五处问答，进一步阐述了马眼的不同特征直接关系到马的好坏，可见古代相马家作了细微的观察和推理。不少叙述分析好似集中诸家之说，而不是一个相马家有系统的叙述。帛书中有些字是楚国文字的写法而遗留在隶书中，文中还有作为比喻用的山水名称，例如"汉水前注"和"江水流行"。因此，《相马经》有可能部分抄自《相六畜》，但同时又编入了作为南方大国、马匹众多的楚国的相马经验。

### 20. 帛书《胎产书》

帛书分上下两部分。上部为两幅彩图。左为禹藏埋胞图，右为人字图。下部抄载胎产书。埋胞图的用法说明载于《杂疗方》中之"禹藏埋胞图法"。人字图为两人形图，上下分绘。

原系彩绘，图形残损模糊，字迹部分可辨，标题残损，仅留末字残笔。同类的图亦见于《睡虎地秦墓竹简》中《日书》甲种，绘有两人形图，标题为"人字"，十二地支所代表的十二辰，以左升右降顺序排列于人的头身四肢的不同部位。以帛书之图与秦墓竹简图相对照，可见十二辰在人体各部位之排列顺序相同，故帛书之图亦当为"人字"图。胎产书文字部分现存约三十四行，主要记载养胎、埋胞、转胞、求子、产后处理等内容，包括男女交合孕子的时机、十月孕期中胎儿逐月发育状况、孕妇孕期饮食起居的宜忌及对胎儿的影响、产后胞衣的处理和埋藏、胎孕男女的选择法、通过饮食调理和特殊食物的选择以求决定胎儿的性别、服食药物以治不孕、产后母子保健以及求鲜子者能多生子的埋胞法。这种通过特殊的方法埋胞以求多孕，显属迷信，但却从一个侧面反映了西汉以前的社会习俗。

马王堆 3 号墓出土的古代典籍，除四十七种帛书和帛图外，还有二百支医书竹、木简。按内容分别定名为《天下至道谈》《十问》《合阴阳方》和《杂禁方》。除《杂禁方》十一支木简外，其余均为竹简。

## 1. 竹简《天下至道谈》

出土时原与木简《杂禁方》合卷成一卷，共五十六支。简中有"天下至道谈"之句，且独写一简，可看作文章标题，因此帛书整理小组取以为名。简长 29.8 厘米，每简三十字上下。《天下至道谈》把房中术作为高深的养生之道，论述两性生活有所损益，即"七损八益"。"七损"为"一曰闭，二曰泄，三曰渴（竭），四曰易，五曰烦，六曰绝，七曰费"。"八益"为"一曰治气，二曰致沫，三曰智时，四曰畜气，五曰和沫，六曰窃气，七曰待赢，八曰定倾"。这些都是从操作方法上谈的。在性技巧方面，强调将房中术与气功导引相结合。

**2．木简《杂禁方》**

十一支，长 23 厘米，每简十三至十四字。主要讨论怎样用符咒等法来治疗夫妻不和、妇姑相斗、婴儿啼哭及多恶梦之类的毛病。

**3．竹简《十问》**

共一百零一简，简长 22.4 厘米，每简二十五字左右。出土时与《合阴阳方》合成一卷。全书假托古代帝王、诸侯、官吏、名医、术士互相问答，提出十个有关养生保健的问题进行讨论，故帛书整理小组以"十问"作为篇名。书中通过黄帝与天师、大成、曹熬、容成、尧与舜、王子巧父与彭祖、盘庚与耆老、禹与师癸、文执与齐威王、王期与秦昭王等的互相质疑应对，就如何顺从天地阴阳四时的变化，注意起居饮食，坚持操练气功导引，尤其要注意节制房室生活，重视房中养生即性保健等问题，作了认真的分析和探讨。

**4．竹简《合阴阳方》**

共三十二支，长 23 厘米，每简近三十字。因简首有"凡将合阴阳之方"一语，故帛书整理小组以《合阴阳方》作为篇名。全书集中讨论了阴阳交合即男女交媾之事，都是有关两性生活和房中保健等方面的内容，属古代房中术之类。

## （二）前所未见的绘画杰作

马王堆 1 号墓内棺盖板上覆盖着一幅 T 字形帛画。它以纵横驰骋的想像、奇巧的构图、准确生动的人物形象、变化多端的线条和艳丽的色彩，而被人们誉为前所未见的绘画杰作。马王堆3号墓内棺上同样覆盖着一幅T字形帛画，内容和构图都和1号墓所出大同小异。在棺室的东、西壁，张挂着两幅大型的完全写实的帛画作品。东壁一幅，严重残破，已无法窥其全貌。马王堆几幅帛画的出土，为研究汉初的绘画艺术提供了宝贵的实物资料，使人们对这个时期以至更早的绘画艺术成就可以作出全新的评价。

　　1号墓所出的帛画，在竹简遣策上记载为"非衣一，长一丈二尺"。这件帛画作短袖长服形状。在汉代，常以"非"作"飞"，因此，"非衣"亦即"飞衣"。"非衣"画以细绢为地，画幅全长205厘米，上宽92厘米，下宽47厘米。顶端横裹一根竹竿，上系丝带。中部、下部的四角各缀一条长约20厘米穗状的青黑色麻质绦带。画幅加上绦带、丝带，总长大体接近汉代一丈二尺（图二九）。"非衣"彩绘帛画中间最显著的位置画一个老妇人。在她的前面有两人跪迎，并捧摆盛食物的案，后面有三个侍女随从。老妇人形体画得远比其他人高大，用以显示其身份的高贵。她身着乘云绣长裙袍，发上饰有贵妇特有的白珠，拄杖而行。根据其体态、服装、发饰等，并对照出土女尸（特别是其头饰），完全可以肯定所画即利苍的妻子，即1号墓墓主人。这一组人物的整个场面，应是幻想中死者灵魂升天的情景。人像的上面是华盖式的屋顶，屋顶上相对栖息着的鸟好似凤，下有展开双翼的怪鸟，疑为飞廉，即传说中的风伯，也就是风神。人像两侧是交蟠穿璧的双龙，璧下悬挂着彩帛帷帐，帐下垂着玉璜。帷帐下歇息着一对人首鸟身的动物，好似《山海经》中鸟身人面的神祇句芒。帷帐下边是室内摆着饮食器物的场面，有鼎、壶和叠在一起的耳杯。两边对坐着

图二九　1号墓出土 T 形帛画

六人，另有一人伫立在一侧。画面正中为一大食案，下有四足，旁有横杆，上罩锦袱，这是呈送食品的用具。有人认为这组画面可能是在准备开筵，但更合理的解释应是祭祀的场面，表示家人正在祈求死者灵魂升天。

画的最下端绘着两条交互的鳌或鲲。它的背上蹲着一个赤身裸体的力士，双手托着象征大地的白色扁平物。两侧各有一龟，背上站着鸱鸮。

从画面最下端的鳌或鲲，到上面的华盖，描绘的是地下的情景，基本上是以现实生活为基础，虽然也包含神话的色彩。

华盖之上描绘着天国的情景，也就是灵魂冀求归宿的地方。天国被画得宁静而和谐。

天国的最下面是天阙。天阙有守卫神和雄踞阙顶的双豹。古代传说天有九重，每重都有门，并有虎豹把守着，所以《楚辞·招魂》有"虎豹九关"的诗句。画中天门旁的守卫神拱手躬身而对，作迎接状，象征天门已开，等候墓主升天来临。

画中天国部分的顶端正中，绘着人首蛇身的形象，披着长长的头发。这个人首蛇身的形象究竟画的是何方神灵，有着不同的看法，反正是天国中有威势的神灵却是确定无疑的。

人首蛇身像右侧有三只鸟，左侧有两只鸟，它们引颈高足，敛翼垂尾，仰首而鸣，似为古代认为长寿的鹤。人首蛇身像下的两只展翅相对的飞鸟，长颈短尾，好像是刘邦所作楚歌中"鸿鹄高飞，一举千里"的鸿雁。鸿雁下面，正中悬着一铎形物，两侧各有一兽身人首的怪物骑在异兽上，向左右飞奔。它们手中牵绳，似在振铎作响。这两只兽首人身的怪物，应是天上的司铎。所骑异兽，或即天马，又叫乘黄，又称飞黄。成

语"飞黄腾踏"的飞黄，就是这种异兽。传说黄帝曾乘此马白
日升天，汉武帝曾因飞黄不来而望天兴叹。

画中天上部分的左上方画着一轮红日，里面画着一只黑色
的乌鸦。见于记载的神话传说中说：太阳里面有一只金色的乌
鸦，三只足，是日的精灵。这里所画的乌鸦是黑色的，而且只
有两足。在圆日的下面有八个小红球，有人说它们象征八个小
太阳歇息在扶桑树的枝叶间。古代有十日并出的传说，尧命羿
射掉了九个，这样只剩下一个太阳了。帛画中所描绘的情景，
显然与羿射九日的神话无关。也有人认为这八个小红球是代表
星星。

帛画的天上部分左上角有一弯新月，月中有蟾蜍和玉兔，
月牙下面有一女子，坐在飞龙翅上，两手托起月牙。有人认为
这象征嫦娥奔月的故事，也有人认为应是月神。

"非衣"画特定的格式是 T 字形。画师利用 T 字形的横与
竖的分界作为天上与人间的分界，把幻想的天国与人世间巧妙
地分开，但又有机地联系着。整个天国部分，在构图上取得横
势，以求开阔，但在疏朗中可见紧凑。舒展开阔的天国部分的
下边则紧凑而富于变化，疏密交错。人间情景被全部安置在画
面竖的部分。墓主人前扶后拥、从容登场的场面是全画的中
心，也是全画中最为开阔的部分。在人物头顶上留下了较大的
空间，以便使主题突出，引人注目。人物前高后低依次排列，
显示出环境的纵深，可以看出画师在艺术实践中已初步领会了
透视画法的基本原理。"非衣"画还综合地运用了向中心集中、
向四方开展作散点式排列等"开合"规律，并且合中有开，开
中有合。这种开合、疏密的交错，既突出了主要内容，又形成
舒缓和急促的变化。画面的布局，讲究对称，但又显示出参差

变化，力避雷同、死板。为了突出某些主体，常常用"密"来衬托"疏"，用"动"来衬托"静"，使画面动中有静、静中有动，通过构图处理把复杂的画面组织成条理分明、疏密有致、具有丰富节奏感的绚丽多彩的画面。人物形象的刻画，虽仍不免保留简略、朴拙的特征，但已更多地注意解剖关系和表情，由先秦时的正侧面进展到能够表现半侧面，这在技术上是一个重大的突破。帛画所使用的颜色，丰富而鲜艳。其中主要颜色大致可以归纳为矿物色（朱砂、大红、银粉、石膏、石绿等）、植物色（青黛、藤黄）和动物色（蛤粉）。这些颜色在绢地上显得非常明快、典雅和富丽。施色的方法，基本上是单线平涂，但在许多地方又具有类似后世建筑彩画的退晕画法。帛画中还使用了渲染画法。画中的扶桑树枝叶、龟都是用的这种方法。由此可见，渲染画法并非像有些人所说，是随佛教艺术从外国传进来的。

3 号墓覆盖在内棺盖板上的 T 形帛画，通长 233 厘米，上部宽 141 厘米，下部宽 50 厘米。其内容与 1 号墓出土的帛画大体相似（图三〇）。上部是画的天上景象，右边画有圆日、金乌和扶桑树，左边画着弯月、蟾蜍和玉兔，其中没有托起月牙的女子。在日、月之间画了满天星斗。在人首蛇身的神像侧边有一腾空飞舞、上身裸露的男人。中部上段是墓主人出行的场面。墓主人面部部分破损，但可确认为男性，头戴冠，身穿红袍，腰间佩剑，袖手缓行。

3 号墓棺室西壁彩绘帛画长 212 厘米，高 94 厘米，画有车马、仪仗场面。大致可分为四个部分：在画的左上方有人物两行，上面一行，行首一人头戴冠，身穿长袍，腰佩长剑，形象与同墓出土 T 形帛画所描绘的墓主人无论衣着和形象均

图三〇　3号墓出土 T 形帛画

十分相似。后有侍者执伞盖。其后是他的属吏，一行二十人，均穿着红、白、黄、黑等色的袍服，手执长戈。下面一行，近三十人，手执彩盾，似为墓主的侍从武士。这两排人物面向右方，都作向前行进的姿态。前面绘有一个土筑的五层高台，应为古代检阅或举行祭祀活动的"坛"。图上的墓主人及其侍从正在徐徐登临高坛。画的右下方是由一百余人组成的方阵。除上面一方为四十人外，其余三方都是二十四人。上下两方垂手肃立，左右两方手执长矛，面容全部面向墓主人及其侍从的行列。在方阵之中，是鸣金击鼓的乐队场面。其中两人正在击建鼓，两人正在鸣铙铎。建鼓用柱贯穿其腰而树立着，柱上有华盖。鼓腰绘有五彩花纹。击鼓者高举鼓槌，正欲击下。由于帛画表现的是一次盛大的仪式，所以乐队在画面上占据着明显的位置。帛画的右上方是整齐的车队，能看清楚的有四列，每列有车十多辆，车驾四马，驭者坐在车舆内。这些车似在应着金鼓之声而前进。在画面的最右边，车骑行列的后面，还露出了一列马头，表示车辆还在源源不断地到来。帛画的右下方是十四纵列的骑从，每列六骑。画面上只能见到马的臀部、后肢及骑者的背影。在骑从行列的两侧，各有骑在马上的将士。整个骑从行列总共约有一百余骑。帛画上所有人物、车骑都面向墓主人，足见他是全画的中心，是画面上众多人物中身份最高的一个，全部活动都是围绕着他而展开的。联系到墓主人生前应是驻守在长沙国南境的重要将领，画面几乎全是武卒、车骑、随从，所以表现的可能是墓主人生前举行盛大检阅仪式的车马仪仗。因此，多数研究者主张将此画称作《仪仗图》或《车马仪仗图》。但对其定名和内容，也有许多种不同意见，将在此书后面的"帛画的研究"一节详加介绍。

　　墓中出土遣策上有这样几条简文："执短铩者六十人，皆冠画"，"执盾六十人，皆冠画"，"执短戟六十人，皆冠画"，"铙铎各一，击者二人"，"建鼓一……鼓者二人，操枹"等。这些简文与帛画的内容可约略对应。帛画中这些车骑、卒从等显然是真人实物的替代品。

　　这幅《仪仗图》帛画是迄今所见完全描绘现实生活的最早的一幅大型绘画作品。在构图上突破了过去那种呆板、平列的形式，巧妙地把几十乘车、二百多匹马和二百多个人物组织在一个画面上，有条不紊，空间和虚实的处理都很讲究，布局比较合理。从全画来看，是一个完整的鸟瞰式的检阅场面，各个部分都相互联系，服从于整个画面的主题。

　　3号墓棺室东壁也张挂着大小与《仪仗图》相同的一幅完全写实的帛画作品，可惜严重残破，已无法见其全貌。从残

图三一　3号墓棺室东壁帛画残片（车骑与奔马）

图三二    3号墓棺室东壁帛画残片（妇女划船）

片上看出有房屋建筑、车骑、奔马、妇女划船等场面（图三
一、三二）。其动态的描绘，可以说已达到出神入化的地步。

三 稀世珍贵的漆器和乐器

## （一）争妍斗奇的汉初漆器

汉代的髹漆器物在各地墓葬中多有出土，但像马王堆1、3号墓所出漆器一样，数量如此众多，保存如此完好，大部分出土时还光亮如新，却是令人难以置信的。

1号墓出土漆器一百八十四件，3号墓出土漆器三百一十六件，总起来正好是五百件。这样大批的漆器出土，在我国考古史上还是第一次。

就品类说，有盛放食物的鼎、盒、壶、钟、钫、盆、盂，饮汤和酒用的耳杯、卮杯以及盛放耳杯的具杯盒；有用水盥洗的盆、匜、沐盘，承托食具的案、平盘，盛放各种梳妆用具和其他实物的奁、多子奁盒；有日常生活用具和摆设的几、屏风，挂放武器的兵器架，舀取食物的勺和匕，娱乐用的博具。此外，还有作为葬具的漆绘棺。过去战国和汉墓中出土的漆器，多为耳杯、盘、盒、卮杯一类的小件器物，像马王堆汉墓所出鼎、锺、钫、盘、案等大型器物还从未发现过。特别是鼎、锺、盒、壶、钫在西汉墓中是常见的一组礼器，但过去所见都是陶或铜质的，而马王堆汉墓却使用了成组的漆礼器，这也属首次发现。

这批漆器，胎质有木、竹和夹纻三种，其中木胎占90%

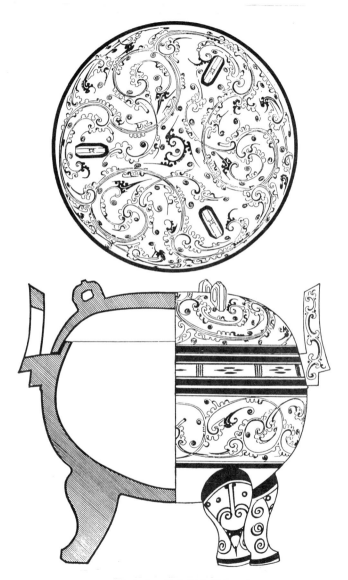

图三三　漆鼎漆绘花纹

以上。按其制法，可分为外形旋削而成的旋木胎，如鼎、锺、壶、盒等；刨削剜凿而成的斫木胎，如匜、钫等。这两种方法制作的器胎一般较厚重。第三种是用薄木片圈成圆筒形器壁，再加底或耳，称卷木胎，主要见于卮、奁等。夹纻胎，也称脱胎，常见于奁和一部分卮、小盘，这是我国漆器工艺中的独特创造。

马王堆汉墓的漆器，大部分都饰有花纹。装饰的方法多种多样。其中最多的是彩色漆绘（图三三），也就是将颜料调入漆中作为画料。用漆绘画出的花纹，色彩光亮，不易剥落。其次是油彩画，用朱砂、石绿、石青、白粉等矿物粉状颜料调油（可能是桐油）后画在鬃漆的器物上。色彩有红、白、金、灰、绿等。金色颜料似为黄铜粉，出土时已部分锈蚀成孔雀兰色。油彩画原本非常鲜艳夺目，但因其中的油脂年久变质，所以容易转色和剥落。马王堆汉墓油彩漆器中有两种前所未见的工艺：一种是用漆枪挤出的白色凸起线条作为勾边，然后用红、绿、黄等色勾填花纹，色彩斑斓，极为华丽，接近于古代建筑上使用的沥粉装饰方法；另一种是堆漆，有些像浅浮雕，有较强的立体感。马王堆汉墓漆器的第三种装饰方法，过去习惯称"针刻"，但在墓中遣策上明确地记载了当时的名称，叫"锥画"。通常是在尚未干透的漆膜上，用针或锥加以镌刻。锥画出来的花纹，往往细如游丝，格外地精巧纤丽。漆器的色彩一般多用黑色为底，以红色和灰绿、赭色作画，画地乌黑发亮，红色花纹艳丽、醒目，红黑二色对比强烈，显得异常清晰。赭色、灰绿色用红色相配合，有明有暗，给人以柔和的感觉。花纹主要是几何纹类型，包括方连变体花纹、鸟头形图案、几何云纹、环纹、涡纹、点纹、波折纹等。其次为龙凤、云鸟、

图三四 漆盒盖顶凤纹

花草纹类型，包括云 龙云凤纹、云兽纹、凤纹、龙纹、云气
纹、卷云纹等。仅是一种云纹，就有十多种变化。龙凤有的画
得很逼真，凤凰回首顾盼（图三四），苍龙腾空而起，各显其
独特的神态。有的则近似图案，凤点出头部的凤冠和身后的长
尾，龙突出卷曲的须角和刚劲的利爪。再次为写生的人物、动
物类型，有人、神怪、猫、犬、龟、鹿、兔、鼠、鱼、鸟、蛇
等。它的用笔富于变化，可以分为倒笔、顺笔、转折停顿笔、
甩笔等。在笔法、着色及平涂、线条等方面，都较战国漆器有
了新的进步。漆器上的绘画大多采用单线画法及平涂画法相结
合。平涂画法主要表现在几何花纹图案上，使花纹显得华丽多
彩；用在龙凤云鸟纹花纹上，则体现明暗衬托的功能；用在人
物禽兽图案上，可以出色地表现出神情动态、明暗透视。线条

的勾勒，依花纹的不同而各异。几何类花纹一般使用流水行云、刚柔相济的线条。至于猫、龟等动物，则类似近代写生的线条。有些器物的花纹，同时使用几种线条勾勒，使得图案画面生动而灵活。

五百件完整漆器中，有三百多件用朱砂或黑漆书写了文字。其内容分物主标记、用途和容量三种。物主标记无例外地都是"轪侯家"字样。用途分别写着"君幸食"、"君幸酒"。容量的铭文有石、四斗、斗、九升、七升、六升半升、六升、四升、二升、一升半升、一升等。

马王堆汉墓出土的漆器，发现有烙印戳记的共计一百多件。这些戳记因为是在素胎上先烙印再涂漆，所以字迹比较模糊。将这些戳印互相对照可以认出有"成市草"、"成市饱"、"中乡饱"、"南乡□"等字样。不同的戳记往往同时出现在一件器物上。这些戳印应是标明这批漆器的产地和作坊。"草"在汉代与"造"相通，古籍常以"草"代"造"。"饱"是"麃"的假错字，指上漆的器物。"成市"是成都市府的简称。蜀郡成都和广汉是汉代最著名的官府漆器产地，3号墓的一块木牍记载有三十六个鼎，其中有"蜀鼎六"，而墓中正好出土六个漆鼎。这说明"蜀鼎"即漆鼎，因为蜀郡产漆器出名，因此蜀鼎就成了漆鼎的同义词了。前些年，湖南永州鹞子岭发掘出两座泉陵侯夫妻墓。其妻墓中出土的一批漆器中有七件镂刻了长篇文字，明言产于四川广汉。贵州镇远也曾在西汉晚期墓中出土漆器，上面亦有"广汉"制造的文字。这些说明西汉晚期，广汉成为四川最出名的漆器产地，而且设有工官。而在西汉前期，除马王堆2、3号墓外，江陵一批西汉前期墓所出的漆器上也标明为成都制造。由此可证，西汉前期成都制造的漆器最为有名，并设有工官。

马王堆汉墓漆器可说件件皆为精品，但是不可能逐件描述。现举几件有代表性的器物，略加介绍。

龙纹漆几出土于3号墓中。几面扁平，在光亮的黑色漆地上用红、赭、灰绿诸色，描绘乘云驾雾、张牙舞爪的巨龙。几面下有长短两对足，短足固定于几的背面，长足与几面之间用活动木梢联接，可以转动，如同动物的关节一样。要将几面抬高时，只要将长足竖起就行了。若要席地而坐，用作依凭，则可将长足收拢，用木栓卡挂在背面，这样就可以短足落地，使用起来十分方便。这种两用漆几在遣策中称作"变几"，构思巧妙，独具匠心。

双层九子奁出土于1号墓中。遣策中叫它"九子曾检"。它的盖和器壁都是夹纻胎，双层底为斫木胎。从器壁裂缝处可以清楚地看到麻布纹路和细密的丝绸纹路，估计是在麻布胎上再裱一层丝绸。器身分上下两层，连同器盖共三部分。器表黑褐色地上刷一层较薄的金粉（加适量银粉，叫清金漆），再用油彩绘上黄、白、红三色云气纹，璀璨耀眼，无比华丽。上层隔板上放着手套、絮巾、组带、绣花镜套。下层底板为厚木板，嵌有九个小奁盒。这些小奁盒全是夹纻胎，有椭圆形、长方形、圆形、马蹄形。小奁盒上的花纹，有漆绘、油彩绘，也有锥画的，还有在锥画花纹中夹杂漆绘的。此外，另有一件单层五子奁，也是漆器工艺中的杰作。漆奁里面除了有五只小圆奁，还盛放着铜镜、镜擦、镊、莱、笄、梳、箅、环首刀等梳妆用具。木梳、木箅还像新作不久的一样，刨削光整，分齿均匀，非常精致。木箅宽仅5厘米，却分七十四齿，比现在一般的箅子还要精细。

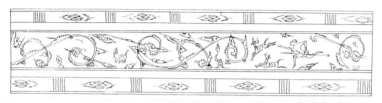

图三五　狩猎纹漆卮器壁锥画（神人乘龙和狩猎图）

　　锥画狩猎纹漆奁出土于3号墓中，器上的花纹线条比头发丝还细，必须就着明亮的太阳光线才能看见。盖上和底部锥画着撒腿奔跑的小兔、潜水游动的鱼群、展翅凌云的飞鸟和匍匐在地的小老鼠，四周是迷漫的云气纹和几组不同的云凤纹。外壁锥画着云纹和神人乘龙、飞鸟、狩猎等纹样。其中狩猎的画面占据主要位置，画得极其生动。猎人手执长矛，追逐着两头奔鹿，其中一头急急逃窜，另一头正在腾空跳跃，神态十分逼真（图三五）。

　　油彩双层漆奁二件均出自3号墓。一件为圆形，夹纻胎。下层内置一角质镜。盖顶用白色凸起线条勾边，内用矿物颜料调油勾填朱、绿二色云纹；边缘由菱形纹、波折纹组成两周装饰带；盖、上层和底的外壁均用同样方法绘油彩云纹。云纹缭绕舒卷，纹饰层次分明，具有强烈的立体效果。另一件为长方形，长48.5厘米。外观作盝顶形，装饰方法与纹饰都和油彩圆奁相同。出土时奁内有一漆缅纱冠，遣策中记载"冠大小各

一布冠笥五彩画一合"。3 号墓出土的油彩双层长方漆奁盒形
体较大，纹饰华丽，是中国古代漆器中前所未见的佳品。

　　云纹漆具杯盒出土于 1 号墓。器为木胎，盖和器身作子母
口扣合。器表髹黑褐色漆，以朱、黑二色绘云纹、漩涡纹和几
何图案。器上下口沿均朱书"轪侯家"。云纹漆具杯盒内盛漆
耳杯七件，六件顺叠，一件反扣。反扣杯为重沿，两耳断面作
三角形，这样扣合起来紧密无缝。耳杯内以黑漆在红地上书写
"君幸酒"三字。遣策记载的"髹画具杯枱"，当指此类器物。
这件云纹漆具杯盒造型新颖，制作精巧，不可多得。

　　云龙纹漆盘在 1 号墓中出土二件，在 3 号墓中出土六件。
3 号墓中六件均出在南边箱。其中五件是底部平坦、器壁很矮
的平盘，最小的口径 34.5 厘米，最大的口径 59 厘米。另外一
件，遣策上记载为"髹画沐盘径三尺一寸一枚"，将其定名为

图三六　云龙纹漆盘

沐盘。它与现在洗涤用的木盆形式相近，直径73.5厘米，与汉尺"三尺一寸"相符，是马王堆汉墓随葬漆器中形体最大的一件。这六件漆盘叠放在一起，个个精美。漆盘上的花纹主要是云龙纹。龙头已经图案化，但龙身布满由漩涡纹组成的鳞片。须角和龙爪使用甩笔，完全以笔锋的甩劲作画，尤其着重在甩出的那一端，如钢针一样坚实有力，非常巧妙地表现了龙的飞动和强劲（图三六）。

博具出土于3号汉墓北边箱，即头箱。它大概是墓主人生前经常陈置和玩弄过的。该墓遣策中有记博的竹简一组，共八枚，分别隶体墨书"博一具"、"博合一"、"象棋十二"、"象直食棋廿"、"象筹三十"、"象割刀一"、"象削一"、"象□□□□"。出土实物与所记相符，盛放在方形漆盒里。漆盒边长45.5厘米，高17厘米，盒里有边长45厘米，厚1.2厘米的方形木博局一件。博局髹黑漆，上用象牙条嵌成方框、十二个曲道和四个飞鸟图案。博局不使用时嵌放在盒内，使用时从盒内取出。因为局与盒正好嵌合，没有多大的缝隙，手指无法放入。如何把局从盒中取出呢？原来在盒的底部穿了一孔，安置一个活动的木栓，将木栓往上一顶，博局自然而然地掀起。盒的底层分隔成长方和方形格，置放着六白六黑的大象棋十二颗、灰色小象牙棋二十颗。筹四十二根，有长短两种，长的有十二根，每根长22.7厘米，短的三十根，每根长16.4厘米。象牙削一件，灰黑色，呈竹叶形，断面"人"字形，两边有刃，安木柄。象牙割刀一件，环首。木骰（骰）一件，为球形十八面体，直径4.5厘米，每面阴刻篆体文字和数字，一面刻"骄"，相对的一面刻"𩦡"，其余各面分别刻数字一至十六。骰的十八面均髹黑漆，阴刻文字填红（图三七）。据傅举

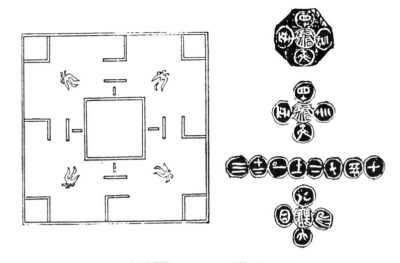

图三七　3号墓出土博局和骰

有先生所写《论秦汉时期的博具、博戏及博局纹镜》（载《考古学报》1986年第1期）研究，秦汉时的博大致可分为投箸的博和投"茕"（骰）的博两大类型。箸，又称簿、箙、箭。3号墓所出为投茕的博。其博法是两人对局而坐，一方先投茕。由于茕是十八面球形体，所以投出以后，要旋转一阵才能停下来。茕停下后，视最上面所刻之字行棋。十八面中，有一面刻"骄"字，"骄"与"骁"、"枭"义同。如果投得"骄"，则把棋竖起来，称为"骄"棋或"枭"棋。枭棋可以食棋，食棋可以得筹，以得筹多者为胜。棋局当中的方框叫"水"，东汉时水中置鱼，枭棋可以入水食鱼，亦名牵鱼。"每牵一鱼，获二筹"（洪兴祖《楚辞·招魂》补注引《古博经》）。3号墓博中无鱼，但有二十枚"直食棋"。或许西汉时还不兴用"鱼"，而是用"直食棋"。博戏的起源很早，至迟在春秋时期已经出现，战国时期已大为风行。东汉时期有本《博经》，专门介绍博戏的玩法，但早已失传了。马王堆出土了完整的博具，参照后代书上引用《博经》的片语只言以及汉代六博俑、画像石、画像砖上的图像，可以基本上弄清它的玩法。

## （二）稀世之珍的古代乐器

1 号和 3 号墓出土有瑟、竽、笛、琴、竽律五种乐器，另外还有和木俑附在一起的模型乐器钟、磬、筑。这是我国音乐史上的一次重要发现。

### 1. 瑟

过去在长沙、信阳和江陵的楚墓中，曾先后发现过十六具，但都残缺不全，很难准确地复原。而马王堆 1 号墓出土的瑟，每一个部件都很齐全，甚至连柱位也都清楚，可以说是我国现存最早的一具完整的弦乐器。此瑟出土时套着一件长方形罩状瑟衣，通长 133 厘米，宽 45 厘米，尾端长 33 厘米的一段有底，并有高 21 厘米的堵头，构成袋形，便于将瑟尾套入其中。该墓遣策第 276 简记载"瑟一越□锦衣一赤橼"，大概就是指的这具瑟。瑟体用整木斫成，长 116 厘米，宽 39.5 厘米，下嵌一块两端有越（首越和尾越，即共鸣窗）、厚约 1 厘米的底板，并用竹钉钉牢。从首越向上探测，该处面板厚约 7 厘米，瑟体两端髹黑漆，瑟面略拱。瑟面的头端横亘一条首岳，长 40.4 厘米。尾端有外、中、内三条尾岳，分别长 14（外）、11（中）、14（内）厘米，四岳高宽均为 1 厘米。首尾岳双侧各钻有 25 个孔，孔径不很均匀，约为 1.5 厘米左右。四岳用以绷弦，二十五根用四股素丝搓成的瑟弦，分别系在尾端的四个枘上。四个枘都是银质圆首，顶饰涡纹。弦枘（系弦柱）在古文献中无证，但战国以来以四枚为通行常制。过去出土的古瑟，根据残留的弦孔分析，有二十三弦、二十四弦和二十五弦多种，而以二十五弦居多。这具瑟的二十五根弦虽已变质，但大多完整地保存在原来的位置上，被外、中、内尾岳分成三组。中间一组为七根，弦径较粗，约1.2—1.9毫米。内外两组各九根，径较细，约0.6—1.2毫米。每组均从内往外，弦径逐渐加粗。每根弦的下面都支着一个桥形的木柱，用以调节弦长，确定音高。这二十五个木柱出土时俱在，只是位置略有移动。根据瑟面和弦上的痕迹，可以将柱位复原。内外两组柱后弦的尾部，各用一条绛色罗绮带穿扦缠绕，将弦一一隔开，再用带尾包住弦上带结。这两条罗绮带在古代文献中找不出有关的记载。据推测有两种用途：一是将弦隔开，以保持弦距和柱的稳定；二是用作瑟的制音器，用以消除鼓瑟时引起柱后弦后共鸣所产生的干扰。系弦方法是先在弦头打蝴蝶结，再将弦尾从首越内穿入首越外侧弦孔，拉紧并引过瑟面，张在首尾二岳上，然后向下穿过尾岳外侧弦孔，进入瑟体，向左折经过弦槽，紧贴尾档而上，又向右折拉紧，并贴弦而分别系在四个弦枘上。四个枘所系弦数，由外到内，依次为六、六、六、七根。由过弦槽至弦枘的弦段，还用绛色罗绮带缠结包扎，带尾系在弦枘上。这具瑟制作较粗糙，髹漆不光匀，通体未见磨损痕迹，尾越内一个弦孔边缘还挂着钻孔时残留的一条木线，表明它是为随葬而赶制的一张新瑟。但它的形制相当完备，应有尽有，布弦、施柱也都井然有序，因而很难断定它就是明器。

迄今考古发现的上古时代的瑟，几乎全都有不同程度的残损，柱和弦的保存情况更无从谈起，惟有马王堆1号墓所出这具瑟，不但完整无损，而且柱弦俱全，并且出土时保持原位，对于探索上古瑟是极为难得的研究对象。李纯一先生为此作了长期的探索，写作了《汉瑟和楚瑟调弦的探索》一文，以后又在所著《中国上古出土乐器综论》（文物出版社1996年版）中对这一课题进一步作了展开研究。他首先求出柱位很少错孔的内外两组的有效弦长（即由首岳顶至柱顶这段用来弹奏发音的弦长），求出两组有效弦长的比值，发现外组的第二与第七弦和内组的第十七与第二十二弦之间的两个八度都是相隔五根弦，足见本瑟是按五声调弦。这与"琴瑟不较，不能成其五音"（《史记·田敬仲完世家》）的记载正相吻合，因而可以判定这四个柱位都基本保持了原来的调弦位置。内组第十九与第二十二两弦相距纯五度，外弦第四与第七两弦相距纯律狭五度，也都基本符合五声调弦，可见它们也都基本上保持了原来调弦位置。《后汉书·礼仪志》说"或鼓黄钟之瑟，轸闲九尺，二十五弦，宫处于中，左右为商徵角羽"，复原后的第十二弦为宫，与此正相符合。据此看来，此弦的全部调弦应按"宫、商、角、徵、羽"五声音阶。这五声大致相当于现代音乐上的1（do）、2（ye）、3（mi）、5（Sol）、6（la）。如果它是当时汉瑟的一种基本调弦的话，就可以通过移柱的方法来实现转弦换调。

至于瑟是怎么演奏的，1号墓北边箱出土的三件鼓瑟木俑和黑地彩绘棺头档的鼓瑟图像为考察汉代瑟的演奏方法提供了直接的证据。鼓瑟俑的姿态是席地而坐，瑟横陈在膝前，双臂向前平伸，两手掌心向下，临于瑟的上方，大指屈向掌心，食指内勾，两指形成环状，其余三指则微屈，两手食指同时作抹

弦之势。而黑地彩绘棺头档的鼓瑟图像所画的是一个怪兽，将
瑟向左斜靠在膝上，另一端着地，右手弹膝上一端的弦，左手
按瑟面中部的弦。这两种鼓瑟的样子，在汉画像石中也能见
到。后代有人研究古瑟的演奏方法时说，指法有擘、托、抹、
挑、勾、剔、打、摘、拂等，即用拇指、食指、中指或无名指
或单弹一弦，或连弹数弦。

　　3号墓也出了一具瑟，制作更加精致华丽，可惜已残缺不
全了。

**2．琴**

　　3号墓中出土一具古琴，竹简记载为"琴一"，全长82.4
厘米，由面和可以活动的底板两部分组成。面板木质松软，似
为桐木。底板木质坚硬，应为梓木。这与《淮南子·修务训》
所说"山桐之琴，涧梓之腹"相合，而且这也是后世制琴常用
的材料。通体涂有很薄的黑色靠木漆，面、底之间都剜有 T
形槽。这可能是后世琴上两个共鸣窗"龙池、凤沼"和轸沟的
前身，只是还没有将三者分开。这具琴共鸣窗体和隐间（有效
弦长）较长，琴面较平，琴体与尾相接内侧有一个可容一指的
小圆穴。在 T 形槽相当于轸沟的部位，安置有七个旋弦的轸
子。轸子为角质，八棱斜柱形，高1.5厘米，大端径1厘米，
小端径0.8厘米。这具琴有龙龈和雁足。雁足雕成云形，颈上
有缠绕着的残弦，裹以丝织物，以防止弦的滑脱。面板的弦路
上有七道明显凹痕，可能是由于七根琴弦长期被重物压在琴面
所致。沿岳山内侧的琴面上有一条因拨弦造成的沟状痕迹，不
但漆皮剥落，而且损及木板的表层。岳山外和体尾相接处的琴
面有较轻的接触性磨损，漆皮已不存。轸池内弦孔周围有因转
动琴轸造成的圆形磨损。这些情况表明此琴肯定是长期使用过

的实用乐器。与长沙五里牌出土的一具战国十弦琴（见《长沙五里牌木椁墓》，《湖南考古辑刊》第一集）相比，这具琴琴面较平，共鸣窗和轸间较大。琴面较平不仅为奏出较多的按音创造了条件，而且为左手施展较复杂的抚弦技术开辟了道路。共鸣窗和隐间的加长，可在一定程度上提高音质音量。弦数较少当是为了去掉那些不太理想的高端弦，以使音色较为统一和音量较为均衡。据此看来，这三个特点正是此琴进步之处。此琴的调弦，根据马王堆1号墓瑟调弦及琴的传统调弦看来，也应是一种五声徵调。琴的散音数量极其有限，远远不敷各种乐曲的需要。泛音较重，有七倍（相同音高的泛音未计算在内）之多，具有相当的表现力，但又具有明显的独特性和局限性。按音数量最多，按五声计算是十五倍，按七声计算是二十一倍，音质又和散音最为接近，是乐曲的主要承担者。因此，在琴的前期发展中，首先要解决按音问题，其次是泛音问题。这些问题的解决，当然要靠形制（设计）、材料和制造工艺的改进和变革。从琴的全部发展历史看，全箱式共鸣窗和十三徽的出现，应是这些问题已经获得基本解决的标志。马王堆3号墓出土的这具琴的共鸣窗还是半箱式，而且没有徽，说明它尚处于演变和走向成熟的过程之中。

### 3. 竽

1号墓出了一具保存完好的竽（图三八），竹简遣策"竽一，越閏锦衣素缘"，就是指这件竽和套装它的竽衣。竽分为竽斗、吹嘴和竽管三大部分。竽斗为椭圆形，由两块木头拼制而成，内无气槽，前面正中开一圆孔，以与吹嘴相接，后面正中开一椭圆孔，但又用盖封死。斗面和斗底钻有前后两排斗眼，每排十一个。内扦竽管，管脚扦入斗底的斗眼里，前后两

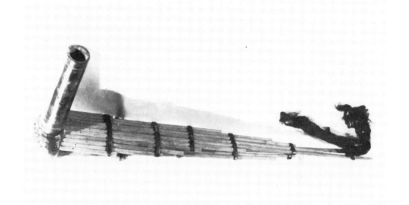

图三八　竽

排中间的竽管最长，上端各系一条绛色罗绮绦。左右两侧管长
依次递减，前后两排竽管分别用四五道篾箍扎紧。两排竽管内
侧面上还有四个未钻通的斗眼，其内未扦竽管。吹嘴用独木制
成，但未钻通，首端嵌有宽1厘米许的角质口缘，尾端缠有宽
约1厘米的箍。吹嘴和竽斗皆髹绛色漆。竽管由刮去表皮、内
径约0.4厘米、外径约0.8厘米的细竹管制成，中央最长管有
78厘米，最短一管为14厘米。除前排第三、第四两管无按孔
外，其余诸管都是在外侧距斗面2—3厘米处增开一按孔。各
管上都未开气眼，下端既无簧槽，又无簧片。前排第六管上端
扦一圆棒形"管塞"。它是由上粗下细两段构成。上段为外露
部分，角质；下段为扦入部分，木质，缠有起密闭作用的黑色
丝线。从吹嘴不通、斗内无气槽、管上无气眼和簧片等情况
看，它应是一件精致的力求外形相似的明器。尽管如此，它仍

然能使人们对汉竽外形有一个比较具体而确切的了解，从而使
人们能够从汉代图画中辨认出竽的图像，并且知道汉初竽管排
列方式。它们实际上与后世差不多，也是最长管居中，其余诸
管依次分列于左右两侧。李纯一先生认为，它还有另外一个意
义，即向人们提供了一些文献无证的细节，因而产生一些待解
的问题。它们包括前后两排居中四管为什么有两个按孔？这四
管内侧斗面上为什么有四个未钻透的斗眼？前排第六管上端为
什么扦有竽塞？

幸喜不久后有 3 号墓实用真竽出土。尽管它破损严重，但
仍能从若干方面弥补明器竽的缺略，使人们对汉初竽有更多更
可靠的了解和进一步的认识。3 号墓竽斗形制和质料均与 1 号
墓竽相同。外侧两排二十二个斗眼植单管，内侧两排四个斗眼
（已钻通）扦 1 号墓所省略的四组折叠管。竽管大多腐朽残断，
就一些较完整的单管来看，一般都是在上段一侧开一个拱形气
眼，在下段靠近斗面处钻一圆形按孔。只有和折叠管配套的那
四根长管（相当于 1 号墓前排第 5、6 管）钻两个按孔，在管
脚上开一个长方形缺口以为簧槽，安置簧片。它们由气眼到簧
片之间的有效管长是最长 78.9 厘米，最短 11.8 厘米。据计
算，前者所发音高为 $F_3$—21，后者为 $E_6$—13，看来此竽音域
为三个八度左右。发现簧片二十三枚，是目前发现的最早实
物。它用很小的薄竹片削制而成，最小的长 1.18 厘米，宽
0.4 厘米，最大的也仅长 2.35 厘米，宽 0.75 厘米。制作的方
法是将竹片四边削出坡度，中间部分剜去肉质，保存竹皮，再
切开竹皮的三边，只留下端与竹皮相连，成为簧舌，样式和现
在的笙簧相同。舌端大多附有银白色小珠，这就是现今演奏时
还在继续沿用的"点簧"，作用是改变簧片的重量，调整振动

的频率以控制音高。四组折叠管由三根长度不同的单管组成，其最长管上端封闭，下端有簧片的管脚植入斗眼内，并与配套单管粘合在一起，有孔相通。次长管两端封闭，上下有孔与最长最短的两 管相通。这种三管折叠连接以加长有效管长的做法，竟出现在二千一百年前，实在令人惊叹。看过现代乐器圆号演奏的人就可以明了这种折叠管的妙用。它类似圆号弯曲的号筒，可以避免管筒过长、不便持拿和使用的弊病，又可延长管内有效气柱，能吹奏出较低的音。这种巧妙的设计在目前通用的笙中也是少见的。

将管塞扦入折叠管尾端，按配套单管下边按孔，则仅配套单管发音，此时管塞的作用似乎在于确保折叠管不发音。拔掉管塞，按配套管上边指孔，则仅折叠管发音。拔掉管塞，按配套管上下两个指孔，则配套管与折叠管一起发音。有一组比较完整的折叠管的有效管长为 72 厘米，其配套单管的有效管长为 24.4 厘米，经计算其音高分别为 G3 + 31 与 D5 + 16，构成纯十二度和音。如果转位，这是一个纯五度和音。据此，人们又可把后世竽笙所常用的纯五度和音追溯到汉初。这具二十五簧汉竽，音域约为三个八度左右，平均每个八度能发七、八个音。结合 3 号墓的按七声调音，1 号墓竽律是按照十二律调音等情况看来，可以推知它不但能奏出五至七声的音阶调式，还具有一定的旋宫转调及和声能力。与 1 号墓伴出的竽律还表明：汉初长沙国的竽已有统一的音高标准。古时竽之所以能够成为五声之长者，不仅因为它在当时是一种重要的旋律乐器，还由于它能发出标准音高。

### 4. 竽律

此件竽律共十二管，用刮去表皮的长短不同的细竹管制成，原定名为音律管，遣策上明确记载为"竽律"，出自1号墓。各管均中空无底，制作较为粗糙，壁厚约1.2毫米。管壁下部有墨书十二律名，即二黄钟、大吕、太簇、夹钟、姑洗、仲吕、蕤宾、林钟、夷则、南吕、无射、应钟。出土时十二管分别装在信期绣淡黄绢地缝制的"竽律衣"上十二个筒形袋中。除太簇管略有破损及夹钟管下部有裂痕外，其余十管均保存完好。其尺寸及测音（用仿制的铜管）见下表：

| 律名 | 原装顺序 | 长度(厘米) | 频率(V.D.) | 音分 | 音高 | 备　注 |
|---|---|---|---|---|---|---|
| 黄钟 | 1 | 17.65 | 455.78 | 5761 | $A^{\#}_{4-39}$ | 管壁厚约1.2毫米，下同 |
| 大吕 | 2 | 17.10 | 491.89 | 5893 | $B_{4-7}$ | |
| 太簇 | 3 | 16.50 | | | | 破损未测音 |
| 夹钟 | 4 | 16.75 | 459.22 | 5774 | $A^{\#}_{4-26}$ | 管有裂痕 |
| 姑洗 | 5 | 15.55 | 540.77 | 6057 | $C^{\#}_{5-43}$ | |
| 仲吕 | 6 | 14.90 | 563.40 | 6128 | $C^{\#}_{5-28}$ | |
| 蕤宾 | 7 | 14.00 | 591.76 | 6213 | $D_{5+13}$ | |
| 林钟 | 8 | 13.30 | 616.89 | 6285 | $D^{\#}_{5-15}$ | |
| 夷则 | 9 | 11.50 | 655.08 | 6389 | $E_{5-11}$ | |
| 南吕 | 10 | 12.60 | 659.64 | 6401 | $E_{5+1}$ | |
| 无射 | 11 | 10.80 | 744.71 | 6611 | $F^{\#}_{5+11}$ | |
| 应钟 | 12 | 10.10 | 782.63 | 6697 | $G_{5-3}$ | |

这套竽律的尺寸和测音都杂乱无章，并与汉律不合，可见它非实用之器，而是明器。共出的竽也是明器，可为旁证。竽律于文献无征，但顾名思义，当系供竽调音用。各管所书律名绝大部分与文献记载相同。这是目前仅见的一套完整的西汉早期墨书十二律律名，因此弥足珍贵。

### 5. 笛

遣策上记载为"筡，筡室各二"。"筡"上之"八"当是"竹"的简化，用以表明质料；隶为声符，当"笛"音。《说文》曰："笛，七孔筩也。"3 号墓出土二笛皆为竹质，形制相同，惟长度和管径有差别。甲笛长 24.95 厘米，管径 1.5 厘米；乙笛长 21.4 厘米，管径 1.4 厘米。两笛均一端封闭，近闭口端处开一方形吹孔，与吹孔相错 90 度的前侧管壁上开六个圆孔或椭圆形指孔。后侧管壁上开一个圆形背孔。因为吹孔与指孔相错约 90 度，所以只能双手掌心向里持笛按孔，以复制品试验平吹，易于发音。两笛音高相差一个全音，但都是按七声宫调式调音，超吹也不费力。由于第一至四指孔直径较大，还容易奏出半窍音，音色明亮而不噪，音量变化幅度也较大。这两只笛皆为横吹，但从唐代开始就有"古无横笛"说，并认为横笛源出羌胡。东汉马融《长笛赋》说："近世双笛从羌起……易京君明识音律，故本四孔加以一，君明所加孔后出，是谓商声五音毕。"据晋崔豹《古今注》中的"横吹"条记载："横吹，胡乐也。博望侯张骞入西域，传法于西京。"张骞第一次出使西域归来的时间为公元前 126 年，比马王堆 3 号汉墓晚四十多年。这可以说明就某种特点的横笛来说，出自西羌可能是正确的，但不能以此否定华夏族固有的横笛，并认为古代各种横笛均出自西羌。

## （三）其他

除以上几节所介绍的重大发现外，还需简略记述马王堆 1、3 号墓中出土的各种农畜产品、随葬食物以及象征轪侯家

奴婢的木俑。随葬物品中，食物的品类极多，大部分装盛在竹
笥和麻袋里，一部分盛放在陶器和漆器里。1号墓四十八个竹
笥中就有三十个盛有食物。3号墓五十二个竹笥已严重腐朽，
从保存的竹笥木牌来看，盛放食品的更有四十笥之多。至于
1、3号墓遣策简文中所记载的食品原料及已经烹调制作的各
种食品更是极尽山珍海味。1号墓出土的实物中粮食品种有
稻、小麦、黍、粟、大豆、赤豆、麻子等，水果有梅、杨梅、
梨、枣、甜瓜等，其他农产品有笋、藕、姜以及冬葵籽、芥菜
籽等。虽然这些实物大部分已经炭化，但仍然保持外貌的原
形，梨子的柄、杨梅的绒刺都清清楚楚，稻谷还可明显归纳为
籼、粳和粳型糯稻等几种类型。由此可以推断，西汉初期的
湖南水稻品种极为丰富，籼、粳、粘、糯并存，有芒和无芒并
存，长粒、中粒和短粒并存。这样种类繁多的稻谷，对研究
我国古代稻谷品种和类型的演变发展是宝 贵的资料。肉食品是
用熟食随葬的，因此剩下的是各种动物的骨骼。至于肉脯和肉
羹，则只能从竹简记载中得知了。科研部门对现存骨骼进行了
鉴定，属于兽类的有黄牛、绵羊、狗、猪、马、兔，禽类有鸭、
雁、环颈雉、鹤、天鹅、斑鸠、鹌鹑、鹬、鸳鸯、竹鸡、火斑
鸡、鸮、喜鹊、麻雀等，属于鱼类的有鲤、鲫、鳡、刺鳊、银
鲴、鳜等。在一竹笥里，整整齐齐地放置着两只华南兔。另一
竹笥里，层层叠叠地堆积着数十个鹌鹑和竹鸡。有些小鱼，经
过文火烤焙，然后用竹签串着，一串一串地放在竹笥里。1、3
号墓内各有一竹笥鸡蛋。1号墓竹简记载"卵一笥"，笥内蛋黄、
蛋白干涸成纸页状，蛋壳仍大块大块地保存着。3号墓竹简也记
载"卵一笥九百枚"，笥内的蛋只剩下壳内的膜了。

    1、3号墓内的农、畜产品，依据竹笥木牌和竹简记载，除

已见实物外，还有鲍、鲅、鮆、鲂、白、鰍、鲍等鱼类，鹿、麇等兽类和橘、柚、橙、枇、柿等水果，另外还有笋、菱角等。

上述肉食品都已经过轪侯家厨师精心烹调然后入葬。根据出土实物和竹简记载，烹调时使用的调料有盐、酱、糖、醋、蜜、醢、鞠、豆豉、芜夷等。香料有茱萸、秭、蕙、姜、榆叶、襄荷、黄等。烹调加工的方法有羹、炙、脍、濯、熬、腊、濡、脯、菹、炮、煎、蒸等十多类。仅羹就有七种，诸如醢羹、酵羹、白羹（米屑和肉做成）、中羹（用芹菜和肉做成）、逢（葑）羹（用芜青和肉做成）、苦羹（苦菜掺和肉做成）等。粮食加工的食物品种也甚多，仅酒一类即可分为白酒、米酒、温酒、肋酒（滤过的清酒）等。饼类食品有稻食、麦食、黄梨食、白籴食、粗粆（蜜和米面熬制成的糕）、僕傂（一种饼的名称）、稻颖、棘颖、白颖等。1号墓一件陶盒中装置的小米饼，还完完整整地保持着原形。从这些食品的出土和竹简记载，可以清楚地反映出汉初江南地区农业经济的发展与作物栽培情况及山林资源，同时也可推则当时王侯上层的食谱，了解我国悠久而丰富多彩的饮食文化。

马王堆汉墓中还随葬了数百个木俑。1号墓一百六十二个，3号墓一百零七个。这批木俑，它们的形体各有大小，造型、服饰均有区别，可以清楚地看出等级身份。有一种木俑，身高体大，头戴高冠，身着丝绸长袍，鞋底刻着"冠人"二字，可能是轪侯家家丞的替身。有一种着衣女侍俑，衣着华丽，全是穿绣花长袍，并且以彩色纹饰镶边，应是死者的贴身奴婢（图三九）。着衣歌舞俑，面部傅粉，这是一种专以自己的歌喉、舞姿供主人消遣解闷的特种奴婢。出土数量最多的是彩绘立俑，1号墓以女性为主，3号墓以男性为主。他们造型

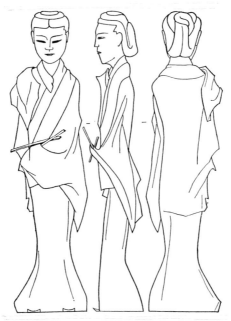

图三九　着衣女侍俑

图四〇　吹竽俑

一律，形体较小，愁眉苦脸，看来是一些做杂役的奴婢，地位尤为低下，在汉代称为"僮"。《史记·货殖列传》里把他们和牛、马、羊等同并列，纯粹被视作主人的财产。1号墓里出了一组彩绘乐俑，服饰和形体均与彩绘立俑相似，身份大体相近。他们踞坐在地，其中二俑作吹竽状（图四〇），三俑作鼓瑟状。3号墓还有一种木俑，身着青衣，出土于北边箱和西边箱的隔板处以及北边箱中间门道的旁边，应是守门的卫卒，即古代所称的"阍人"一类的身份。

四 绚丽多彩的织物和服饰

## （一）麻织品和丝织品

马王堆 1 号汉墓出土了基本完整的丝、麻织物和服饰百余件，包括匹端的零段四十六幅、成件衣物五十多件和包裹器物的杂用织物二十余段。这些丝麻织物绝大部分放置在六个竹笥里，另有一部分是用于盛殓尸体的更加讲究的丝绸衣服。由于受到棺液的浸蚀，大部分已发脆、腐烂。3 号墓中随葬丝织物有十一笥，数量比 1 号墓更多，遣策中记载的品类更丰富，虽然大部分已残破得不成形了，但仍留下了好些 1 号墓所没有的品种。像马王堆 1 号汉墓一次出土数量如此巨大、品类如此齐全、花样如此新颖而又保存甚为完好的丝织物，在我国秦汉乃至更早时期的考古工作中都是从来没有过的事。

1 号墓出土的丝织品，通过用纤维切片投影法、示差热法、X 射线衍射法、氨基酸含量法等现代化的测试方法鉴定的结果表明：出土丝都属于桑蚕（家蚕）丝纤维，丝纤维的纤度为 0.96—1.48 旦，单根丝纤维的显微实测截面面积为 77—120 平方微米，略大于长沙地区出土的战国时代丝纤维截面面积，更大于战国时期洛阳地区出土的丝纤维截面面积。这可能和当时长沙地区桑叶质量的提高以及讲究养蚕技术有着密切的关系。

1号墓出土的麻织品，通过用纤维切片投影法、长度分布法、X射线衍射法等测试方法的鉴定分析：出土的细麻布是苎麻纤维，粗麻布是大麻纤维，捆扎竹笥用的绳索是苘麻纤维。苎麻纤维质坚而细长，强韧性特别好。过去在长沙战国楚墓出土的麻布均为17升布，而这次马王堆1号汉墓出土的N27—2细麻布却是高达21—23升布。这样精细的苎麻布在汉代还是第一次发现，就是在汉唐墓葬里出土也是罕见的。要织成这样精细的麻布，首先要有良好的苎麻纤维脱胶技术。从麻纱经舒解测试后看到，麻纤维所含果胶量较少，多数的纤维已接近于单纤维状态，说明当时对生麻的脱胶技术有了新的提高。

丝织品所用的经纬丝纤度，是直接衡量缫丝技术水平高低的指标之一。1号汉墓出土的经纬丝纤度是非常精细的。出土的素纱禅衣经纬丝纤度是10.2—11.3旦。这样高的纤度和近代缫出的最精细的纤度相当。丰满厚实的绒圈锦底经是由十粒蚕子组成为16.9旦的一根生丝，地纹经Ⅱ是由十七粒蚕子组成为27.2旦的一根生丝，地纬是由十七粒蚕子组成为30.8旦的一根生丝。这些说明西汉初期缫丝技术已能达到根据丝纤维的粗细来搭配蚕茧的个数，进而缫出丝织物品种所需的生丝纤度。

从第一次发现的绒圈锦的绒圈经的截面来看，它是由四根以上的生丝组成，相当于底经的五倍粗，经丝纤度达到78.3旦。这样粗的生丝显然不是缫丝所能完成的，而是利用汉画像石上所刻的纺车并丝加拈获得的结果。

麻纱的纺绩技术，一般是用所纺支数高低来衡量，而支数的高低主要决定于纺纱水平。1号墓出土的苎麻布实测的结果是经纱支数为135—151公支，纬纱支数为161—209公支。取得这样高的支数，一般可以用手工绩麻和纺车纺纱的两种方法。通过对出土的大块苎麻织物进行系统反复寻找，没有发现有手工绩麻拈结的结头，所以这样高级精细的苎麻纱只能用纺车精工细作纺出来。这块精细的苎麻布就是后世要纺出同样支数的麻纱来，也得要有熟练而高超的纺纱技艺的工人作出艰巨的劳动。

马王堆出土的丝织物，包括目前所了解的汉代丝织物的大部分品种，归类起来有纱、绮、罗、锦、刺绣和组带。尤其重要的是发现了轻薄透明的素纱禅衣和富有立体效果的绒圈锦。这些丝织物的出土，为研究我国丝织技术的发展提供了极为重要的科学资料。

纱，是我国古代丝绸中出现得最早的一种。它的组织结构比较简单，是一种方孔平纹织物。因为是单经单纬交织而成，所以孔眼就充满了织物的表面，空隙所占面特多，显得非常轻薄。古人形容"轻纱薄如空"、"举之若无"。在纱中，还有一种表面自然绉缩而显得凹凸不平的绉纱，虽然很轻薄，却给人一种厚实的感觉。在3号墓中，就出土了四块绉纱。这种绉纱，一般是用拈丝作经，两种不同拈度和张力的拈丝作纬，以平纹组织织成。因为强拈的纱线受潮后会产生绉缩，所以有意识地用强拈的丝来织成纱，然后浸水使它收缩起绉。由于绉纱表面布满了谷粒状的绉纹，所以汉代称这种织物叫"縠"。"縠"在古代通常用作衣面，或作成禅衣，罩在锦绣衣袍的外面。

马王堆出土的两件素纱禅衣衣料，可以视作汉代"纱"织物所能达到的最高水平。因为高级纱料不仅仅以空隙多就算上乘，而主要是以蚕纤度匀细而最为珍贵。每9000米的单丝重1克，就叫一旦。旦数越小，蚕丝越细。马王堆汉墓出土的素

纱禅衣原料纤度仅 11.2 旦，另外一块素纱纤度更少到 10.2
旦，而现代生产的高级织物乔其绢纤度却有 14 旦，足见素纱
是何等纤细轻薄。1 号墓出土的两件纱衣中的一件长 128 厘
米，袖长 190 厘米，在天平上称量仅重 49 克（包括领、袖口
为纹锦镶边的重量 8.5 克在内），用料约 2.6 平方米，每平方
米纱重仅 15.4 克，真是"薄如蝉翼，轻若烟雾"。这种纱衣的
衣料没有颜色，又没有衬里，所以称做素纱禅衣。《诗经·郑
风·丰》载有"衣锦褧衣，裳锦褧裳"，郑玄笺和孔颖达疏都
说：褧衣即为禅衣。因为妇女的衣服尚轻细且露锦文，因此在
锦衣的外面罩上一层禅衣，既可增添其华丽，又可以使锦衣的
花纹不致太露。

　　绮，戴侗《六书故》曰"织素为文曰绮"，因此又叫纹绮，
是使用一组经丝和纬丝交织的单色、素地、生织、练染的提花
织物，属于平地起斜纹花类的织物。绮的质地松软，光泽柔
和，色调匀称。马王堆汉墓出土的纹绮织物较多，纹样主要是
粗细线条结合成耳杯状的菱形几何图案，或嵌些写实植物和动
物图案纹样，以丰富内容。一种几何菱纹绮，是由一组经丝和
一组纬丝相互交织，在平纹地上起三上一下的四枚纹经花。地
部是平纹组织，花纹极为清晰，外观雅致大方。一个花纹循环
经数为一百一十六根，纬丝为九十二根，花纹图案上下左右全
部对称。在一百一十六根经丝中，由于织纹组织的对称性，当
时用素机和提花束综都可织造。一种叫对鸟菱纹绮的织物，其
织纹的花纹图案题材丰富，构思新颖，风格独特。它以细线条
组成纵向连续耳杯状菱形纹，每个菱形花纹框内分别嵌着变形
的对鸟和两种不同的变形植物花草纹饰。在一个花纹循环内，
三种纹饰呈横向交替分布。由于是在平纹素地上起斜纹经花，

所以花地十分清晰。这种对鸟菱纹绮的组织，地部为平纹，花部为三上一下斜纹，由于花纹组织循环大，一般素机无法织制，要用提花束综装置才能达到织制要求（图四一）。

图四一　对鸟菱纹绮纹样

纹罗，在长沙地区的战国楚墓中曾有过发现，而在马王堆汉墓中人们有机会看到更多更完整的此类织物。纹罗织物的组织结构与纹绮有所不同。纹绮的经丝都是互相平行排列，经丝和纬丝交织由于浮长线的不等而形成花纹和地纹，同时以经丝或纬丝并列或重叠配置的方法构成花纹和地纹组织。纹罗则利用经纱和纬纱的变化而起花的原理。它的经纱分为地经纱和绞经纱。其中绞经纱时而绕在地经纱左侧，时而绕在地经纱右侧，而纬纱则从它们相互绞缠的地方通过。由于纱的绞结而使纱线固定，纱之间出现一个个孔眼。每织入数根纬纱后，使绞经纱变换一次位置，并加以灵活变动，这样就织出各种孔眼大小、疏密不同的有花纹的罗组织。成品的经纱因受绞纱纠缠而不易拆开。马王堆汉墓出土的纹罗织物以菱纹罗最多，也最雅致。它以粗细线条构成有明有暗。粗花纹挺拔有力，菱环相扣紧凑，大小重叠成四周对称的图案。细花纹工整精细，上下对应，图纹清晰可见。地部网孔均匀透亮，素洁大方。纹罗织物的上机，需要提花束综装置和绞经综装置配合织造。即左绞经和右绞经各一片，地经丝全部用提花束综，并另加一片下口综。需要二人协同操作，织机工专司绞综踏木和下口综踏木，并投纤工作，另一人专司挽花工作。纹罗织物是织成后染色，有皂、烟、朱红等色彩。这种织物是作为服饰的衣面，或者作刺绣的地子。

纹锦，相当于现代高花绸一类品种。这次出土的纹锦织物类型较多，有平面显花的几何纹锦、动物纹锦、茱萸花纹锦，有凸纹效果的凸花几何纹锦，还有若隐若现的隐纹花卉锦、隐花波纹锦、隐花动物纹锦。它是二三根经丝和一根纬丝交织的经二重织物，纹样风格以几何图形的小矩形纹和写意花卉纹为主要题材。纹锦织物经密纬疏，马王堆汉墓出土一幅凸花纹锦，竟用了五根经线为一组，每平方厘米经密达一百四十根，纬密五十八根，因而织纹细致精巧，质地紧而薄，是桑蚕丝提花色织的华贵品种。这些纹锦的经纬丝均用桑蚕丝，经染色后织造。经丝的排列有二根为一组的，有三根为一组的，有甲、乙、丙、甲、丙五根为一组的，以二色为主，也有三色的。底经和地纹经较细，花纹经较粗，纬丝介于底经和花纹经之间。花纹经为主色调，显示在起花部分，多数用明朗的色调，如朱红、绛色等；其地色大多较深沉，以表示其稳重协调，如茶褐色、玄色、深棕。由于花地二经色泽有所不同，故织物正面花纹的色调较纯，背面地部呈混合色调。纹饰的基本组织均系四枚纹变化组织。在四枚纹中，运用一上三下、二上二下、三上一下等基本交织规律和色彩不同提出花纹，在花地纹交界处以二上二下的组织作为修饰花边轮廓起缓冲过渡作用。在马王堆1号墓中出土的锦中有一种叫绒圈锦。它用作丝绵袍的领、袖缘部和香囊、镜套的底部以及几巾和枕巾的边饰等，见于遣策都写作"缋周缘"。"缋缘"即文献记载中的"缋纯"。绒圈锦是以多色经丝和单色纬丝交织而成，织物表面的矩纹、几何形线点纹图案部位呈现有立体感的环状绒圈。它的织造工艺有重大发展。纹锦是以二根或三根经丝为一组交织成的，绸面表现为异色花纹，无立体感效果。绒圈锦是用四枚组织，起出一至三枚浮长的经浮点的不同花纹。从实样分析结果，系以四根经丝为一组，纬丝均用单色，每组经丝采用二色或三色，配色以深色为主，如褐地朱红、玄地绛红及朱红花，色彩深沉而鲜艳，花地明朗协调，图纹清晰雅致，织工精细巧妙，立体感特强。绒圈锦已熟练地应用当时流行的十二至十八种单元图案，主要以矩形、几何纹、线条为特点，亦有小块面、角点子与地纹经回形纹等交替构成。它的织造工艺难度很大，经丝有四组（一组底经、两组地纹经和一组较粗的绒圈经）。底经和纬经丝组成锦面的地子，两组地纹经交叉进行，显现地部的花纹，两组绒圈经则作起绒。绒圈锦每厘米经密达一百七十六至二百二十四根，以织幅为 50 厘米计算，总经根数为八千八百至一万一千二百根。其中四分之一底经是有规律的一上三下的按平纹式排列，可用综架提沉，其余两组地经和绒圈经都需提花束综来管理升降运动。这三种经丝的经密，每厘米有一百五十根左右，最大的花幅有 13.7 厘米，就需二千零五十五根经丝单独运动。这许多的经丝仍用综架来管理升降运动是不可能织制的，所以必须用提花束综来控制运动。提花束综通过牵线由人工挽花，使它提起应提的花纹束综。此外，另两组地纹经和起环状绒圈的绒圈经还要使用两个经轴分开提沉，所以在织造工艺技术上一定已经使用提花装置和双经轴的织法。绒圈锦有两种纬丝，除了织入锦内的正式纬丝，还有一种是织入绒圈经内起填充绒圈作用的起绒纬。起绒纬织成后抽出，这样绒圈经就成为浮起在锦面上的一个个环圈。如果用刀将这些环圈割开，就可以形成丝绒，所以它是早期的起绒织物。它的出现说明我国至迟在两千多年前就已经继掌握了平纹、斜纹和变化组织、复杂的重经组织以及纱罗组织后，更进一步创造了初期的起绒组织。过去有人认为我国的绒类织物自唐代以后才有，或者从国外传入，这些说法都是不全面的。

刺绣，马王堆汉墓出土丝织物中，数量最多的是刺绣。它的花纹是在绢、绮、罗、锦的坯料上，以针刺添加彩色丝线，绣出各种绚丽的花纹。与遣策的记载对照，其中纹样最多的是

"信期绣"、"长寿绣"和"乘云绣"。"信期绣"布满变形的长
尾小鸟图形，也许是燕。燕是定期南迁北归的候鸟，体现了
"诚信忠贞"的品质，这样就和"信期"两字发生了关联。它
的图案纹样单元较小，线条细密，做工精巧，并用较好的罗为
坯料。"长寿绣"上用各种彩色丝线绣出云彩、花蕾和叶瓣。
这种花蕾和叶瓣，在古代可能是长寿的象征（图四二）。"乘云
绣"上绣着翻腾飞卷的云雾，在云雾中隐约可见露着头部的神
兽，主要绣出了睁着的一只眼睛，作为神兽乘云的象征，可能
反映的是"升仙"的思想。这两种绣的图案纹样单元较大，均
为"信期绣"的三倍左右，线条比较奔放，不用罗作坯料。这
三种绣同属社会上流行的高贵绣品，而"信期绣"尤为刺绣中
的上佳珍品。根据对二十一件保存较好的衣服和 1
号墓棺内所出十二件衣衾残片统计，属"信期绣"的有十九

图四二 长寿绣纹样

件，其中十二件用罗作坯料，另外七件用绢作坯料。"长寿绣"
有七件，全用绢作坯料。"乘云绣"有七件，其中三件用绮，
另外四件用绢作坯料。除上述三种主要的刺绣品种外，还有
"茱萸纹绣"、"云纹绣"、"方棋纹绣"等。它们都是按照花纹
样式定名的。各种精美绣品，针法都很细腻流畅，基本上都采
用锁绣（又叫辫子股绣）法，包括开口锁绣和闭口锁绣两种基
本针法。这虽然在刺绣针法中是比较简单的一种，但绣作技术
要求很严，最难的是做到针脚匀、弧度一致。这些绣品还使用
了两种新的工艺技术。有一件"长寿绣"片，为了使花纹尖端
更细，绣工们除了改变绣线的丝缕，还在最尖端处使用了类似
接针的绣法。另一种"方棋纹绣"，使用了单针辫子股绣法。
这种针法与后来打籽绣针法非常相似。另外，1号墓内棺外面
装饰镶边的铺绒绣是以直针针法满绣而成，属于平绣系统，可
以说是迄今所见的我国最早的平绣作品。

　　组带，实即丝织的绦带，遣策中的名称为"组带"。1号
汉墓中出土的绦带共有三种。一种是用于装饰衣物的丝织狭
带，简文称为"繻缓绦"带；另一种是用于手套和棺内裹在
尸体上有"千金"两字的丝带和麻带；还有一种是有鱼尾纹的
捆尸筒状组带。这三种绦带的组织属于编织物的结构类型，利
用双层组织结构原理，编成图案和文字。由于出土的提花丝带
品种不多，可见它在当时还是比较高贵的纺织品。饰在手套和
细麻布上的绛红、白、黑三色丝带，编织有篆书"千金"两
字，人们称它为千金绦。它更是我国的第一次发现。信期绣手
套的丝质千金绦带，外形宽度0.9厘米，幅内分为左、中、右
三行，各宽0.3厘米，编带密度为每厘米六十根。左行的表里
层各有绛红色、白色经线三十二根，右行与左行相同；中间一

行的表层有黑色经线十九根，绛红色经线十八根，里层有白色
经线三十七根；全幅表里层有经线二百零二根。左右两行编出
雷纹图案，中间一行为篆文"千金"字样及明暗波折纹，上面
横档为交替色泽。千金绦的编织原理和方法是不用纬线，全由
经线分上下两层相互往返表里换层编织，在平纹地上呈显文提
花部分，均系一上一下呈 45 度斜面的平纹袋组织结构，在上
下两层交替换色时产生接结点，背面文字与色彩部分与正面相
反。

　　纺织技术的发展必然促进印染技术的发展。马王堆汉墓出
土的大量丝织品，多数是染色的，包括染丝和染帛。据纺织研
究部门鉴定，包括刺绣所用的丝线，粗略统计，色泽共有三十
六种之多，最常见的是朱红、深蓝、深红、浅棕、深棕、藏
青、黑、朱黄、金黄、浅蓝、深绿等，使用的染料主要有植物
染料和矿物染料。当时人们将它们分别叫做草染和石染。上海
市纺织科学院和上海市丝绸工业公司对朱红色素、蓝青色素、
深红色素和黄色素进行了判定和染色研究。对朱红色的试样，
选择了色泽纯正的朱红菱纹罗丝绵袍和长寿绣丝绵袍上的朱红
色染料，采取发射光谱定性分析法、硫化根定性分析法和 X
射线衍射法判定，均可确认朱红颜料主要成分为硫化汞，即朱
砂。硫化汞有天然的，也有炼制而成的，在炼制过程中随温
度、浓度和时间的不同，会产生不同的色泽。出土丝织品的朱
红色很鲜艳，足以说明西汉初期对于炼制硫化汞已有相当高的
水平。而且朱砂颗粒研磨得相当细致而均匀，也可看出当时由
于印染工艺技术的发展，对于朱砂颗粒的粉碎技术比用作彩绘
的朱砂颜料要求高得多。从朱红菱纹罗丝绵袍上的染色情况观
察，织物表面的朱砂染得细而均匀，颗粒分布在纤维相互交叉

的缝隙中，织物孔眼之间清晰，没有堵塞现象，有的还松弛地附着在纤维上，推测当时染朱红色谱的染色加工方法不是用浸染加工法，而是采用古老而简单的涂染方法。对蓝青色素的判定，选择了青色罗与以资对比的青黛染料，用薄层色谱法、色泽反应法、紫外光谱分析法观察与试验，发现两者的反映完全一致，因而可证丝织品上的青蓝色就是青黛（靛蓝），而这种靛蓝则是取自兰草。先将天然靛蓝制成染液，经过还原剂作用而成靛白，靛白在空气中氧化，变为靛蓝。因此，靛蓝染液中必须有还原剂和碱剂存在。染色时温度不宜过高，微温即可，欲求坚牢及得较深之色，必须反复浸染，逐层加深。靛蓝还可用以打底或用于套染，染成各种复色色谱。马王堆1号汉墓出土丝织品中的藏青色、蓝绿色、藏青黑色主要成分均是靛蓝，蓝色和藏青黑是兰色和棕色相套染而成。选择深红绢和长寿绣袍的底色上的深红色色素和已知的茜素、苏枋色素样品，用发射光谱定性分析法、薄层色谱法、紫外光谱法进行对比，发现主要颜色斑点 RF 值与标准茜素相同或相近，而与苏枋木相差很大，因此可以确认它们是用茜素染成的。茜草为媒染性的天然绯红染料，以先媒染后浸染的方法为普遍，用白矾和矾土作媒染剂，可得鲜明颜色。此外，还用发射光谱、高压液相层析、多用途紫外光谱和定性分析等试验，对出土黄色丝织残片与传统作为黄色染料的栀子提取液进行对比，证明染料为植物栀子。

关于我国的印花丝织物，秦汉时的文献虽然有所记载，但从未发现过实物。印花技术是染色技术发展到一定阶段的产物。用印花的方法把素色或单色的丝织物印染成色彩斑斓、花纹美丽的工艺品，是一种艺术创造。1号墓出土的印花敷彩纱，是首次发现的古代印花丝织品实物。它是印花和彩绘相结合的高级纺织品。《考工记》中有"画缋之事杂五色"，"凡画缋之事后素功"的记载。这种"印花敷彩"就是由"画缋"向印花的过渡形式。马王堆汉墓出土有三件印花敷彩丝绵袍和一块成幅印花敷彩纱以及印花敷彩纱衾类残片，共五件。花纹色彩有六七种之多，保存最好的是朱红、粉白、墨黑和银灰，至今仍然鲜艳。其中以灰色比较复杂，有深有淡，程度不一。这些颜料基本上都是涂料，但颜料制作非常匀细，固着牢度也相当好。银灰色颜料主要取自硫化铅粉末，粉白色颜料为绢云母。印花敷彩纱的纹样似为藤本科植物的变形，由枝蔓、蓓蕾、花蕊和叶组成，单元图案较小。印花的图案由四个单元图案上下左右连接，构成印花分版的菱形网格。在织物上的印

图四三　印花敷彩纱

花单元图案纵横连续，错综排列，通幅有二十个单元图案分布。在印花的单元纹样中，用藤蔓婉转的线条印底纹，用朱红色绘出花，用重墨点出花蕊，用银灰色勾绘叶和蓓蕾纹点，用棕灰色勾绘叶和蓓蕾的苞片，用黑灰色绘叶，从而形成丰富多彩的纹样结构。藤蔓底纹可能是用阳文版印制的细挺和婉转的灰色条纹，其余部分如花、叶、蓓蕾、花蕊、苞片等则是在丝织物上印好底纹后再由手工描绘上去的，即所谓敷彩。因此，纹样结构上就有极为劲秀明显的笔法特征，而且可以发现图案单元的各类纹式在部位和笔法上不完全相同（图四三）。关于印花用的藤蔓纹版，究竟是阳纹版即雕刻凸版，还是镂空版，有不同意见。上海市纺织科学院认为用阳纹版印制可能性最大，因为印出的实物花纹中没有找到墨渗和晕染的现象。如用镂空版，印出实样的线条很粗，而实物上花纹线条很细，相比有很大差异。如果能够刻制镂空版，则很有可能出现块面花纹，但在实物中并未发现。织物上线条的弧度很大，有些地方细线条之间的距离也很近，如果用镂空版印刷，必将造成墨渗溢出、线条合并等现象，但实物上印制的藤蔓图案线条挺拔有力，轮廓清晰，没有出现墨渗溢出、线条合并等现象。印花敷彩纱的灰色藤蔓底纹印好后，使整个印花单元图案造成了一个排列整齐、分布均匀的菱形网状框架，为后一步敷彩描绘工艺打好了基础。接下去就可按印花图案设计要求彩绘。从实物上看到的大概痕迹和色彩描绘层叠的状况看，整个工序可能分为七道：一、印出藤蔓灰色底纹；二、用朱红色绘出花；三、在灰色底纹上用重墨点出花蕊；四、用黑灰色绘出叶；五、用银灰色勾画出叶和蓓蕾纹点；六、用棕灰色勾画出叶和蓓蕾的苞片；七、最后用粉白勾画和加点。印花敷彩纱的单元图案很小，高仅 4 厘米，宽仅 2.4 厘米。在这么小的面积上设计描绘如此多彩的花纹和颜色，它的难度和所用工时是可想而知的。印花和绘花相结合，在技术上是一个大革新，对早先单纯的"画缋"是一个大发展，对古代刺绣纹样的束缚是一个大突破。它的重大意义是孕育了印染工艺的进一步革新。

1 号汉墓还出土了两件成幅的泥金银印花纱。它是采用涂料色浆，以多版分色印花方式加工而成的。花纹单位的外形为菱形，纹样全由细密的曲线和小圆点组成。曲线为银灰色和银白色，小圆点为金色或朱红色。图案线条分布很密，光洁挺拔，无渍版胀线现象，印纹交叉点无折纹，估计也是用阳版印刷的。单位纹样用三版组成，一块模版能印一个花纹单元的一部分。由于套印不够准确，所以有互相叠压和隔间不匀的现象，几乎个个图案单位殊异，找不出大面积分版的依据。但是对比各个图案单元的具体相应部分，则线条完全一致。这种泥金银纱印花的操作比印花敷彩纱更复杂，可以说它是目前世界上最早的彩色套印实物。这在科学技术史和印染工艺史以及雕版印刷史上，都是一个创举。

## （二）汉初贵族妇女的服饰

1 号汉墓中出土的保存完好或基本完整的成件服饰达二十六件，这是我国目前发现古代服饰年代最早、数量最多、保存最完整的一次。其中有丝绵袍十一件、夹袍一件、单衣三件、单裙二件、手套三双、夹袜二双、鞋子（履）四双。3 号墓中，现存完整的服饰虽然只有一双鞋子和一顶漆缅纱帽，但仍然有十分重要的价值。1 号墓除了一双鞋在尸体脚上，另外一双鞋在 65 号竹笥，其余均在 329 号竹笥、357 号竹笥和北边箱。仅 329 号竹笥就置放了绵袍、夹袍、单衣、单裙、袜等服饰十三件。

十一件绵袍和一件夹袍都是交领右衽式，外襟的形式有曲裾和直裾两种。绵袍絮以丝绵。袍均分上衣和下裳两部分。曲襟袍的衣襟下达腋部，并旋绕而下。1 号墓袍中有九件为曲裾，此外在已残毁的衣料中还有四五件也属曲裾衣式。这种曲裾袍用料量较直裾袍多出近三分之一，而且用料的质量比直裾袍要好。除了一件，其余都用罗绮为面，大部分绣花，有的还用高级织物起毛锦作缘。

单裙系用四片绢缝制而成。绢片上窄下宽，居中两片宽度相同，稍窄。两侧的两片宽度相同，稍宽，上部另加裙腰，两端延长成为裙带。裙，古又称之为"裳"。

手套均为直筒露指式夹手套。一副掌面为绢地信期绣，另两副掌面为罗绮，指部和腕部均用绢。掌面部分的上下两侧，又都各饰千金绦一周。

鞋都是双尖翘头方履（图四四）。

漆纚纱帽出土时置于 3 号墓北边箱油彩长方漆奁中。其外观乌黑发亮，完整如新，制作精巧（图四五）。此帽采用左右两组经线，每组二根，开合交替一上一下编织而成。编织稀疏，亮地显方孔，纱孔均匀清晰，垂翅顶端有一系带的小圆孔。表层髹黑漆，硬挺。通高 27 厘米，宽约 15.5 厘米，两侧垂翅长 8 厘米。漆纚纱帽是我国迄今为止所发现的最早的实物。其形制与武威磨嘴子汉墓漆纱冠、沂南汉墓石刻纱冠线图的形制基本相似。另外，与漆纚纱帽同置漆奁中的还有一顶褐色纱料小冠，但因严重残破，形制不全，又无可供借鉴的实

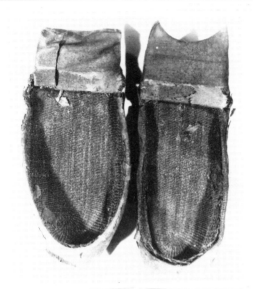

图四四 青丝履

图四五 漆缅纱帽

物资料，一时难于复原。

3 号墓有两个竹笥，木牌上记为"衣笥"，但均已腐朽无存。与竹简遣策结合，可以看出 3 号墓所随葬的服饰品类极为丰富，计有"齐缞禅衣"、"毋尊禅衣"、"帛禅衣"、"白绪禅衣"、"霜绪禅衣"、"青绪禅衣"、"青绮禅合衣"、"阑禅衣"、"绪禅衣"、"绀绪禅衣"、"缞锡禅衣"、"绪缤禅衣"、"白锡禅衣"、"生绮禅合衣"、"连珠合衣"、"春草複衣"、"青绮複衣"、"生绮複裦衣"、"帛长襦"、"素禅带襦"、"缞绮複带襦"、"紫绮複带襦"、"素裳"、"绪缔"、"素绔"、"素缔"、"麻缔"、"沙缚複衣"、"丝履"、"接䍦"、"鲜支长襦"、"绪胡衣"、"绪缤禅衣"、"缞縠长襦"、"早複衣"、"帛小傅襦"、"紫纵"、"绨禅纵"、"缇禅便裳"、"绪绔"、"素缃"等。它们详细记载了随葬服饰的形制、衣料、色彩和花纹，是研究汉代贵族服饰不可多见的珍贵材料。

除了成件服饰，1、3 号墓还随葬了大量其他丝织用品。1号墓出土的实物中有枕、枕巾、几巾、香囊等生活起居用品，另外还有乐器套（瑟衣、竽衣、竽律衣）、其他器物的外衣（镜衣、针衣、杖衣、夹袱）和盛物袋以及镜擦、衾被、帷幔等。3 号墓遣策中则有"检载"、"锦因"、"绣因"、"琴囊"、"椁中绣帷"等有关丝织用品的简文。特别需要提到的是 3 号墓遣策第 385 号简文"聂敝二笥"。据周世荣先生考证，"聂敝"即布帛类冥币。

五　长沙国的地望和軑侯研究

# （一）长沙国和"轪地"

马王堆 1 号汉墓出土的漆器上有大量"轪侯家"铭文，竹笥等器物上缄封"轪侯家丞"封泥，使人们得以知道这是汉初轪侯家族的墓葬。查阅《史记》和《汉书》，很快就找到了有关轪侯的记载，并知道第一代轪侯利苍封侯时官职为汉初诸侯国长沙国的丞相。这样就引起了关于长沙国和"轪地"的历史地理方面的研究热潮。

关于轪侯的封国所在，1972 年 11 月出版的《长沙马王堆 1 号汉墓发掘简报》依据《宋书·州郡志》和《水经注·江水》中关于轪县位置的记载，定轪侯利苍封国在湖北省浠水县。《文物》1972 年第 9 期发表了两篇有关轪国历史地理的论文，一为黄盛璋、钮仲勋的《有关长沙马王堆汉墓的历史地理问题》，一为马雍的《轪侯和长沙国丞相》。这两篇文章皆认为轪侯利苍封国应在今河南省光山一带，或在河南光山和罗山县之间。马雍和黄盛璋文章的文献依据有两条：一、班固《汉书·地理志》中有"江夏郡，轪县"，自注云"故弦子国"。由此可知，地理志所载的轪县所在可以由弦子国的所在而确认。二是《春秋·僖公五年》记载"费人灭弦，弦子奔黄"，杜预注"弦国在弋阳县轪县东南"。据此可知，春秋的弦国故地在西晋时代的弋阳郡轪县，即今河南省光山县淮河上游一带。据马雍考证，《左传》云"于是江、黄、道、柏方睦于齐，皆弦姻也。弦子恃之而不事楚，又不设备，故亡"。由此可见，弦国与江、黄、道、柏四国是近邻。据杜预注，江国在汝南郡安阳县（见《僖公二年》），黄国在弋阳郡弋阳县（见《桓公八年》，又见《庄公十九年》），道国在汝南郡安阳县南（见《僖公五年》），柏国在汝阳郡西平县柏亭（见《僖公五年》）。这四国都在今河南省东南隅淮河上游一带，弦国亦应距此不远。弦国既为楚所灭，成为楚的属邑，其地址当未改变。《左传·昭公三十一年》曰："吴师围弦，左司马戌、右司马稽帅师救弦，及豫章，吴师还。"《左传·定公四年》曰："冬，蔡侯、吴子、唐侯伐楚，舍舟于淮汭，自豫章与楚夹汉。"杜预注："豫章，汉东、江北地名。"此时楚国的豫章显然是淮水上游与汉水下游的某一地名。定公四年，吴国舟师由淮汭登陆，经过豫章，到汉水东岸。昭公三十一年，楚师救弦，进军豫章，所走的路线与此相同，只是方向相反而已。由此可证，弦国应当位于淮河上游附近。《元和郡县志·卷九·河南道五》光州仙居县条云："南至州一百里，本汉轪县，春秋时弦国，楚灭之，汉以为县，属江夏郡。"其下又云："轪县故城，在县北四十里，春秋时弦国之都也。"这与杜预之说完全吻合。唐代的光州即今河南潢川县，仙居县在其西一百里。汉代的轪县故城又在仙居县北四十里，即当在今潢川西北百余里。按方位道里推测，大约在今光山县和罗山县之间。《简报》定轪侯利苍封国在今湖北省浠水县的文献依据主要也是两条：一条是沈约《宋书·州郡志》西阳郡条所载"孝宁侯相，本轪县，汉旧县。孝武自此伐遂，即位改名"。这说明刘宋孝武帝改名东晋之轪县为孝宁侯国的地方，即汉代轪县故地。另一条是稍晚于沈约的郦道元在《水经注·江水》中说："（江水）又东迳轪县故城南，故弦国也。〈春秋·僖公五年〉楚灭弦，弦子奔黄者也。汉惠帝二年封长沙相利仓为侯国，城在山之阳，南对五洲也。汉中有五洲相接，故以五洲为名。""宋孝武帝举兵江洲，建牙洲上，有紫云荫之，即是洲也。东合希水口，水出灊县霍山西麓……又南流迳轪县东南流注于江，是曰希水口者也。"郦氏所言轪侯利仓的封国轪，即沈约所言的汉和东晋的轪县、刘宋的孝宁侯国。据此，其所在当在湖北省东部长江北岸，其地在巴河口以东、浠水以西，应相当于浠水县西南。对于这一主张，马雍直截了当地说："《水经注》显然是错误的。错误的原因就在于把东晋侨置的轪县当成了汉代的轪县。郦文引宋孝武帝刘骏起兵的史实，正好证明长江沿岸的轪县是南朝的轪县。"由于马雍和黄盛璋等先生的文章发表，道理确很充分，具有较强的说服力，因此当《长沙马王堆一号汉墓》一书在 1973 年由文物出版社出版时就将轪县的位置由《简报》中所定轪国在今湖北省浠水县改为河南省光山与罗山之间了。自此，这似乎已成定论。不料想，北京大学中国传统文化中心的《国学研究》第二卷（北京大学出版社 1994 年版）又发表了李开元先生的《西汉轪县所在与文帝的侯国迁移策》一文，重新提出湖北浠水说。虽是故事重提，但理由却是新的。李文说："历代地区变化频繁，欲判明史书中地名之所在，首先必须确认该书所言地名之时代。班固东汉人，其《汉书·地理志》所载郡国县名，乃据西汉末成帝元延、绥和年间（公元前 12—前 7 年）政府之'版籍'而定，其说自无可疑。正因为如此，地志所写之轪县，乃成帝元延、绥和年间属江汉夏郡之轪县，故不著为侯国。其自注'故弦子国'之所在，也当指成帝元延、绥和年间之轶县的所在地。杜预西晋人，其所言西晋之轶县在今河南省光山县淮河上游一带，即故弦之国之所在，也当无问题。也就是说，如果我们准确地理解班、杜二氏之说后，可以确定西汉成帝元延、绥和年间属汉江夏郡之轶县的所在，即春秋之弦子国故地，其所在同西晋之轶县，在今河南光山县淮河上游一带。"我们可以进一步提出一个假说，即在汉惠帝二年到成帝元延、绥和间，轶国（县）之所在地发生了变动，从今湖北浠水一带的南轶迁移到了今河南省光山县一带的北轶。"文章假说中所说"轶国（县）之所在地发生了变动"，推其原因是"汉文帝徙侯国出王国的政策"。西汉初年，实行郡国分治制度。西部地区为直属汉王朝的诸汉郡，东部地区为独立自主的诸侯王国。此外，又分封功臣以建侯国，其侯国的所在地既有在汉郡中者，也有在王国中者。随着政治形势的变化及侯国的兴废，给汉王朝的管理及控制带来了相当的困难。公元前180年汉文帝即位后，迅速采取了新的政策：将散处在各王国中的侯国迁出，安置于汉郡中，这就是侯国迁移策。"轶侯利仓于汉惠帝二年初封于南轶（今湖北省浠水县），其时处于淮南王国之中。文帝即位后，正当第二代轶侯利豨之时。由于侯国迁移策之施行，轶国由南轶迁移到了北轶（今河南省光山县），属汉之南郡，武帝元狩二年改属汉之江夏郡"。这样似乎解决了南、北二轶的矛盾，但立论总嫌推论过多，至今尚未见到对该文的评论。

对于汉初长沙国的辖境，《长沙国南部地形图》出土后，谭其骧先生发表了《马王堆汉墓出土地图所说明的几个历史地理问题》（见《古地图》中的古地图论文集，文物出版社1977年版），对《长沙马王堆1号汉墓发掘简报》以《汉书·地理

志》所载长沙国所领的十三县来解释轪侯时长沙国辖境的说法
提出了纠正："利仓官长沙丞相封轪侯，时在西汉初高帝高后
时代，即公元前 2 世纪初年，而《汉书·地理志》所载，则是
西汉末年平帝元始二年，即公元 2 年的政区分划制度，前后相
去约二百年，长沙国的辖境不可能没有变动。事实上，文献记
载里也有不少资料足以说明汉初长沙国和汉末长沙国之间的差
别很大，大小迥不相论。《史记·南越列传》和《汉书·南粤传》
又为我们提供了一些关于汉初长沙国南界的较具体的资料。传
文讲到汉高祖时在赵佗割据之下的南越王国与长沙接境，又讲
到高后时赵佗曾'发兵攻长沙边邑，败数县而去'，又讲到文
帝赐赵佗书，书中说起赵佗曾对汉朝提出'请罢长沙两将军'
（指驻在长沙国内用以监视南越割据势力的两个将军）的要求。
可见从高帝历惠帝、高后到文帝，亦即吴芮及其子孙为王、利
仓父子为将相时代的长沙国，一直是与南越接壤的。长沙国缩
小到基本上仅限于《汉志》所载那么大一块地方，那是景帝以
后的事。"谭其骧先生的文章在学术界几乎得到了一致的赞同。

黄盛璋、钮仲勋先生的《有关长沙马王堆汉墓的历史地理
问题》（《文物》1972 年第 9 期）发表了和谭其骧先生同样的
看法，特别对高帝五年诏书"其以长沙、豫章、象郡、桂林、
南海，立番君吴芮为长沙王"和长沙国的南北疆界作了详细的
论述。他们认为五年诏书将长沙国辖地名义上包括五郡，文颖
早已指出"象郡、桂林、南海皆属尉佗，佗未降，遥虚夺以封
芮"，"汉初的长沙国所管的长沙郡当然也就是秦长沙郡。汉高
祖五年刚刚消灭项羽，天下初定，不可能也来不及对秦郡原来
管辖的范围有什么改变"，"汉初长沙国原和南越接壤，这是从
秦郡相沿而来。景帝时，南边和南越接壤的地方被划分出去，

另立代郡。汉初长沙国北为南郡与淮南国，南为南越国，就大体而论，基本上包括《汉书·地理志》的长沙、零陵、桂阳三郡之地，但并不能把后来三郡管辖的疆界与长沙国完全等同起来。它的东西为豫章郡。过去已有人认为可能包括豫章郡西边数县。西为黔中郡，后改为武陵郡，西面也有可能包括后来武陵郡的个别地区"。对《汉书·诸侯王表》所讲长沙国北界"波汉之阳"一说，有的文章信以为真，而黄盛璋等人的文章明确表示不可相信："查《汉书·诸侯王表》，原本自《史记·汉兴以来诸侯王表》，但《史记》只笼统地说'自陈以西，南至九嶷，东带江淮谷泗，薄会稽，为梁、楚、淮南、长沙国'，并没有讲'波汉之阳'。即使按照汉五年刘邦封吴芮那五个郡，长沙也不能达到汉江北岸。封吴芮为长沙王时，临江王尚不臣汉，吴芮的长沙国实际范围不能超越长江北岸，因临江国都于江陵，紧靠长江北岸，至少要管辖长江北岸部分地方。封吴芮时，江北那些地方不是属于临江国（偏重西部），就是属于淮南国（偏东部）。……《襄阳记》说'秦兼天下，自汉以北为南阳郡，汉以南为南郡'。临江国被平以后，汉改为南郡，辖境未改，所以汉江基本上是秦南阳郡与南郡的分界。吴芮的长沙国怎么会超越临江国而辖汉江北岸呢？"至于长沙国南界，黄文认为如谭其骧先生前此的文章中所说"并不皆以五岭为界"是非常正确的，如九嶷山即在五岭之北，而长沙国所辖桂阳县则在五岭以南。他们认为确切的界线应为尉佗移檄中所讲的"横浦、阳山、湟溪"三关。

迄今为止，对西汉长沙国疆域变迁论述最详备的文章应推周振鹤的《西汉长沙国封域变迁考》（载《文物集刊》2，文物出版社 1980 年版）。该文将长沙国辖境的变化分为三个主要阶段：第一阶段，汉高祖五年至汉文帝后元七年（公元前202—前157年）。这段时间是呈芮及其子孙为王的长沙国。它的封域由长沙内史和高祖年间的两个边郡桂阳和武陵组成，即大致包括有《汉志》的长沙国和桂阳郡、武陵郡、零陵郡（除这三郡南部的阳山、曲江、含洭、浈阳、镡城、始安数县）以及南郡南部、豫章郡西部的几个县。这一时期的长沙国辖境最大。第二阶段，汉景帝前元二年至汉武帝元光五年（公元前156—前130年）。汉文帝后元七年，吴姓长沙国因无后国除。汉景帝二年封子刘发为长沙王，传至西汉末。这一时期的诸侯王国形势起了很大的变化。这些王国不再是从北到南联成一大片了，而是按"汉郡八九十"所隔离、所包围（《史记·汉兴以来诸侯王年表序》）。这些汉郡就是景帝接受晁错削藩的建议，在吴楚之乱前后所削的各诸侯王国的支郡。与此同时，"外接胡越"的诸侯王国的边郡也悉数收归中央。此时的长沙国只有第一阶段中长沙内史的范围，即《汉志》的长沙国加上零陵郡的洮阳、都梁、夫夷、泉陵、钟山等县和桂阳郡的阴山县及武陵郡、南郡、豫章郡邻接长沙国的几个县。第三阶段，汉武帝元光六年至汉平帝元始二年（公元前129年—公元2年）。汉武帝采纳主父偃的建议，实行推恩法，逐步蚕食这些已经衰微的王国。其结果是到元始二年，长沙国只剩下《汉志》所载的那十三县，大约是元光六年推恩封侯以前版图的一半。推恩法的实质是"令诸侯以私恩自袭地分其子弟，而汉为定制封号，辄别属汉郡，汉有厚恩，而诸侯地稍自分析弱小"（《汉书·景十三王传》）。这里可以看出三个原则：一、实行推恩法的王国必有汉郡与之相邻，方能将侯国划入其中；二、所有封的侯国必定在原来与该国相邻的汉郡内，不可能远在他郡，而且分封时必须位于该王国当时的封界附近；三、分封侯国是按年代先后次序由王国边缘向中央推进。这篇文章异常明确地阐述了景帝以前各诸侯王国跟中央政权一样，亦分内史和支郡，"外接胡越"的王国则有边郡。吴楚七国之乱前后，这些支郡、边郡全归中央以后，各诸侯王国所剩的地盘仅是原各国的内史之地。而吴芮及其子孙为王的长沙国，封域大小其实就是刘姓长沙国再加上当时的桂阳、武陵两边郡。这样就把《史记·汉兴以来诸侯王年表序》的"吴楚时前后，诸侯或以适削地，是以燕、代无北边郡，吴、淮南、长沙无南边郡。齐、赵、梁、楚支郡、名山陂海咸纳于汉"所说的边郡、支郡的涵义讲清楚了。这本来是从清代起诸家争讼不休的一个问题。

## （二）3 号墓墓主的研究

在《长沙马王堆 2、3 号汉墓发掘简报》的结语中，推定 3 号墓墓主是第一代轪侯利苍和妻辛追的儿子。不过，利苍不只一个儿子。据《史记》和《汉书》记载，继承利苍侯位的是利豨（官职不明），死于汉文帝十五年（公元前 165 年）。3 号墓出土的木牍有"十二年二月乙巳朔戊辰……奏主葬君"等字样（图四六）。查西汉初期纪年中超过十二年的仅有汉高祖有十二年，汉文帝初元有十六年。3 号墓出有带"轪侯家"铭文的漆器，而汉高祖时利苍尚未封轪侯，自应没有可能。据山东临沂汉墓出土的元光元年历谱（见《文物》1974 年第 3 期），汉初在武帝太初改历以前是使用颛顼历的。依此推算，汉文帝初元十二年二月恰是乙巳朔。这样就肯定了 3 号墓的年代为公元前168年。它比史书记载利豨死亡时间要早三年，显然3号墓

图四六　3号墓纪年木牍

主不应是利豨，而是利豨的兄弟。这一结论，得到了大家的公认。而至 1983 年，傅举有先生在《考古》第 2 期上发表了《关于长沙马王堆 3 号汉墓的墓主问题》，另立新说，声称"许多同志认为长沙马王堆 3 号汉墓的墓主不是第二代轪侯利豨，我的看法相反，认为墓主人正是第二代轪侯利豨"。对于纪年木牍所记入葬时间与《史记》所载第二代轪侯利豨死亡时间不合的问题，文章的解释为《史记》误记了，实应是汉文帝前元十二年，但误记为前元十五年了。另外，还提出了推定是第二代轪侯利豨的理由：一、按照汉代丧葬制度，只要没有家族迁徙，家族墓地往往被长期延续使用，一家数世，夫妻、父子、兄弟并葬。如果认定文帝十二年下葬的 3 号墓主是利豨兄弟，而比他晚数年去世的利苍夫人尚且归葬于他的上首，那么依史书记载比他晚 3 年去世的利豨就几乎与利苍夫人同时去世，没有理由不归葬这一家族的墓地。但假如肯定这种假定，马王堆仅有三墓，又哪里有利豨的葬身之地。二、医学鉴定3号墓墓主年龄约三十多岁，其母——1号墓女尸经解剖研究"年龄在五十岁左右"，其母又比其子晚数年去世，那么在其子去世时，其母才40多岁。根据嫡长子继位的封建礼制，二代软侯自应是嫡长子。3号墓墓主若非利豨，则只能是利豨之弟。利豨之弟死时约三十多岁，利豨应接近40岁，而其母却仅40多岁，等于数岁就生利豨，无论生理上和情理上均不可能。或许软侯家还有嫡庶之分。他认为从墓葬布局分析，3号墓墓主应是利苍的嫡长子，也就必然是继承爵位的利豨。三、3号墓出土的"软侯家"铭文和"软侯家丞"的封泥，已足以证明墓主就是二代软侯利豨。否则，已成年而没有继承爵位的所谓利豨兄弟，怎么能使用只有软侯及其夫人或太夫人才能使用的上述铭文或封泥？3号墓的葬具为一椁三棺，相当于列侯葬礼，当然非软侯利豨莫属。"因为如果墓主人不是列侯，为什么他会有'家丞一人'？为什么他能够享受'诸侯再重'（三层棺）的棺制和画有日、月交龙属于诸侯以上才能享用的铭旌？为什么他能有'美人八十，才人廿'？为什么代有'宦者九人'、'家吏十人'以及有'郎中'和'谒者四人'？如果墓主人不是列侯，为什么他能享用'安车'、'大车'、'温车'、'辌车'、'一乘驾六马'、'二乘驾四马'等诸侯以上才能使用的车骑制度？为什么他会有'六百七十六人从，三百人卒'？有执戟、执盾、执矛、执铩等上百的亲近兵卒？如果墓主人不是列侯，为什么他会有"禁中"？会有后宫之制？家丞奋又为什么称其为'主'？"文章还进一步提出3号墓墓主不只是继承了侯位，而且是权倾长沙的相。根据是从出土的大量帛书，使人对利豨仅为将军而如此博学疑窦顿生。从出土的《地形图》《驻军图》来看，利狶应担任过长沙丞相。这些地图当为长沙相府图籍。简牍中记载车骑甚多，且大部分"驾六马"，文献记载秦汉只有天子才能乘驾六马车，可见他并非仅有侯的虚爵，而是权倾长沙。遣策中还有一支木牍记载，随葬品除"临湘家给"外，很大一部分是"受中"，即受自长沙王禁中。谁能享受如此大特权呢？惟有威镇长沙国的长沙相。

傅举有先生列举了多项理由，力图证明3号墓墓主就是第二代轪侯利狶，而且他还和其父一样担任长沙国相。但是，上述各项理由很多是建立在想像的基础上，显得十分勉强，十分牵强附会。如说利狶死于十五年是《史记》误记，然而只要看看《史记·惠景间侯者年表》就可一目了然，明白究竟是不是误记。表中不仅可见几代轪侯起止时间，而且注明了在位年数。第一代利苍始封侯，惠帝二年至吕后二年（公元前193—前186年），在位八年。第二代轪侯狶，吕后三年至文帝十五年（公元前185—前165年），在位二十一年。第三代轪侯彭祖，文帝十六年至景帝后元三年（公元前164—前141年），在位二十四年。第四代轪侯秩（扶），武帝建元元年至元封元年（公元前140年—前110年），在位三十年，国除。表中从利苍始封到第四代秩国除，时间是公元前193年至公元前110年，共八十三年。这里特别要提到的是第三代轪侯在此表中为利彭祖，《汉书·百官公卿表》误记为吴利，在孝景中元五年（公元前145年）栏内记载"轪侯吴利为奉常"，在六年栏内记载"奉常利更为太常"，在景帝后元三年（公元前141年）栏内记载"柏至侯许昌为太常"。研究者一致认为吴利系利秩的误记，而柏至侯许昌继其任太常的景帝后元三年正是《史记》

和《汉书》所载第三代轪侯死亡的一年。作这一说明是为了证实《史记》所载轪侯各代在位年代是准确的。《汉书·高惠高后文功臣表》所载轪侯四代的起始和在位年数完全一致。如果利豨死于汉文帝十二年，那么《史记》和《汉书》所误记的死年和在位年数则不只是第二代轪侯利豨错了。由于连锁反应，第三、第四代轪侯的继位、在位年数和第三代轪侯的死年都会成为误记。这样的推测实在是削足适履。其所说其他理由，有的是暂时还弄不清底细的问题，比如汉代的家族制度，列侯家的同产子，即未继承侯位的儿子，在某些礼制上能否还享受部分列侯家的待遇，其丧礼能否仍由列侯家操办？3 号墓遣策中有"临湘家给"，"临湘家"显然不是"轪侯家"，而只能是当时仍在世而很可能还住在临湘（长沙）的第一代轪侯利苍夫人，也就是列侯夫人家。它可能证实史书上关于列侯夫人、太夫人可以称"家"的记载。建国前长沙杨家山盗掘出土"杨主家铜鼎杨子赣家鼎"、"杨主家般今长沙王后家般"说明王后娘家可称"家"。如此看来，称"家"的范围比原先大家理解的要更广泛一些。有的学者认为大夫以上均可称家了。如此看来，"临湘家"也有可能就是 3 号墓墓主、第二代轪侯兄弟、第一代轪侯未继承侯位的那个儿子的"家"。这些也都是一种推测，但至少可以说明现在对汉代的家族制度、家族关系、称谓的认识还远未透彻。至于讲到葬制，更是一个复杂的问题。特别是西汉初年，先秦的礼制究竟还有哪些仍在沿用，实在讲不清楚。比如诸侯的棺制，1 号墓是四层棺，其身份为列侯夫人，应享用列侯的礼制，而 3 号墓是三层棺，两相比较明显地位要低。用鼎，先秦时楚国封君一级往往为七鼎，汉初可能沿用。1 号墓和 1999 年发掘的沅陵侯吴阳墓分别出了七个漆鼎和七个陶鼎，而3号墓却只出了六个漆鼎，又表明身份较列侯稍低。当然，西汉初年用棺、用鼎数是否仍是定制，很难确定，但至少不能依3号墓的棺数、鼎数就随便说他是依据的列侯葬制。作为列侯及其家属，其随葬实物，众目睽睽，不可过分造次，而遣策中明显的虚夸，只能反映出心底的非分之想。陈松长先生在《马王堆三号汉墓车马仪仗图帛画试说》（载《湖南省博物馆文集》，岳麓书社1991年版）中对3号墓遣策中详细记载的车骑、明童、鼓乐、仪仗等器物不见于随葬实物，而都画在棺室西壁帛画上这一特殊现象作了很好的分析。他说："至于众多的殉葬男女和车马仪仗为何均不做木俑和明器，而只绘于帛画之上，究其原委，大约是因其墓主身份和地位局限所致。尽管轪侯家资材宏富，极欲显示其尊荣和权势，但丧葬制度又限制了他不能太僭越等级去极尽排场，去大筑陪葬的车马坑。因此，在相当宏大但终究有限的椁室内，陈列满众多的精美明器和歌舞木俑外，那些椁室内盛放不下的男女明童和车马仪仗，就只好用绘画图录的方式来表现。这样，既巧妙地避免了越礼僭位、奢侈过度的嫌疑，又充分显示了轪侯之子显赫的声势和豪奢的排场。"其实，遣策中"安车一乘驾六马"、"大车一乘驾六马"、"温车二乘驾六马"、"辒车一乘驾六马"，岂止列侯不能享用，就连诸侯王也不敢享用，因为文献明确记载这是只有天子才有权享用的。怎么能用遣策中的僭越来证明3号墓墓主是第二代轪侯呢？至于"美人、才人"，并不表明墓主生前有后宫，因为美人、才人完全可以是指美色的女子和有才艺的女子，并不是限于后宫女官。"谒者"也并非只有列侯家才设置。《考古学报》1993年第4期中发表的《江陵凤凰山168号汉墓》揭示了所出竹简，其中就有"谒者一人，大奴"、"美人女子十人，大婢"。凤凰山 168 号墓主"遂"仅是五大夫，属第九等爵。傅文说：依据 1、2 号墓并列，而 3 号墓居 1 号墓下首，更证明 3 号墓墓主是第二代轪侯利豨，否则利豨岂非无葬身之地。这一依据的理由是不充足的。《史记·孝文本纪》记载汉文帝三年诏"遣列侯之国"，第二代轪侯利豨按理应到"轪"去了，因此遣策中才可能出现留守在临湘的其他家庭成员"临湘家"的讲法，因为当时并不存在"临湘侯"。这样看来，利豨大概是葬在其封地轪，所以马王堆未见到利豨墓，也未见其配偶的墓。若真的他也葬在马王堆，作为第二代轪侯，无论从礼制还是惯例，他都不可能葬在轪侯夫人辛追（不管利豨是否为她亲生）的下首。

推定 3 号墓墓主是权倾长沙的国相，则更缺乏合理的依据。多数研究者认为《驻军图》绘制年代是文帝初年，即高后时南越赵佗"发兵攻长沙边，败数县焉"之后，当时南越已撤兵，但在两国交界之处双方均驻有重兵。此图中"周都尉军"、"徐都尉军"可能就是赵佗给文帝信中提出的"罢长沙两将军"。而图中的"司马得军"，可以理解为叫司马得的将领所率的军队，也可以理解为官职是"司马"，而名字叫"得"的将领所统领的军队。我认为后一种解释更合理。郡国设有主兵的司马，这已由"长沙司马"印章的出土所证明（见周世荣《长沙出土西汉印章及其有关问题研究》,《考古》1978 年第 4 期）。对"司马得"直呼其名，不称其姓，这是因为《驻军图》为墓主自用。最合理的推定是司马得就是 3 号墓墓主、利豨的兄弟。他的姓名为利得，官职为长沙国司马。

# 六 帛书和帛画研究

## （一）帛书的研究

### 1.《周易》研究

《周易》是马王堆帛书中最为重要的部分。对它的整理研究，大致可分为两个阶段。

第一个阶段是 1973 年至 1992 年初，主要是对帛书的整理。于豪亮先生于 1976 年撰写了《帛书〈周易〉》，但当时未公开发表。随后，饶宗颐先生撰写了《略论马王堆〈易经〉写本》，刊发于《古文字研究》第七辑。《文物》1984 年第 3 期刊发了《马王堆汉墓帛书〈六十四卦〉释文》，同时还刊发了张政烺先生的《帛书〈六十四卦〉跋》和于豪亮先生八年前写的《帛书〈周易〉》。这以后王辉、韩仲民、李学勤、刘大钧、周安升等先生相继撰文，对帛书《六十四卦》的文字校释、卦序、卦位及成书年代等方面展开了讨论。同时，于豪亮、韩仲民、李学勤等先生还根据已知材料，对帛书《易传》，特别是《系辞》的部分内容作了一些介绍和分析。对于帛书《周易》的校释，则有邓球柏先生的著作《帛书〈周易〉校释》出版（湖南人民出版社 1987 年版）。第二阶段是从 1992 年至今，进入研究阶段。1992 年里连续出版了有关帛书《周易》研究专著数本。它们分别是李学勤先生的《周易经传溯源》（长春出

版社)、张立文先生的《帛书周易注释》(中州古籍出版社)和
韩仲民先生的《帛书说略》(北京师范大学出版社)。另一方
面,《马王堆汉墓文物》(湖南出版社)刊发了帛书《周易》和
《易传·系辞》的全部照片图版和系辞的释文,为帛书《周易》
的研究提供了最为详尽的材料,对掀起帛书《周易》和《易
传》研究的新热潮起了重要作用。1993年,由陈鼓应先生主
编的《道家文化研究》第三辑以《马王堆帛书专号》的形式,
刊发了张政烺先生的《帛书〈系辞〉校读》以及陈松长、廖名
春合作的帛书《易传》中《二三子问》《易之义》《要》共三篇
的释文。1994年,《马王堆汉墓研究文集》收集了1992年在
长沙召开的马王堆汉墓国际学术研讨会上的论文,并由湖南出
版社出版,其中有四篇与《周易》的研究有关。此外,台湾学
者严灵峰先生的《马王堆帛书易经斠理》在台北文史哲出版社
出版,陈鼓应先生的《易传与道家思想》一书也在台湾商务印
书馆出版。而由朱伯崑先生主编的《国际易学研究》更是集中
刊发了一批研究帛书《周易》和《易传》的论文,并将《易
传》最后两篇《缪和》和《昭力》的释文发表。《道家文化研
究》也在第六辑中刊发了《易传·缪和·昭力》的另一种释文和
一组研究帛书《易传》的论文。至此,帛书《易经》和《易
传》释文全部发表。以照片而言,除《易传》中不见于今本的
部分迄今未全数发表外,其余均已发表。1996年以后,陈鼓
应先生的《易传与道家思想》在大陆三联书店出版。1997年,
邢文先生的《帛书周易研究》由人民出版社出版。后者是迄今
为止对帛书《周易》研究的一本带小结性的著作。

　　二十多年来,对帛书《周易》的研究主要集中在《易传》
的篇目结构、帛书《周易》经传的文献学研究、帛书《周易》

和帛书《易传》的学派属性等问题上。

马王堆汉墓帛书《周易》虽然问世已经有二十余年，然而正确认识其编目，却是最近的事情。1974年9月，晓函（即韩仲民）在《文物》第9期上刊发了《帛书编号目录》（《长沙马王堆汉墓帛书概述》之一），把帛书中与《易经》有关的内容分为五个部分：

1.《周易》，无篇题，约五千二百字，不分上、下经；

2.《周易》卷后佚书之一，无篇题，卷尾残缺，存三十五行；

3.《周易》卷后佚书之二《要》，卷首残破，存十八行，一千六百四十八字；

4.《周易》卷后佚书之三《昭力》，六千字；

5.《周易·系辞》，无篇题，二千七百余字。

《文物》1974年第9期还刊发了《座谈长沙马王堆帛书》一文，文中提到张政烺、周世荣等对帛书《周易》的看法。张政烺先生对帛书《系辞》的字数和行数，认为有八十多行，约六千字，不分上、下篇。而周世荣先生等对《系辞》的字数，说成是"约二千五百余字，有上、下篇"。《系辞》究竟是多少字，究竟有无上下篇，存在明显的不同意见。在看待帛书《周易》的编目构成时，究竟如何认识《系辞》，这成为后来研究的一个重要问题。

1991年，周世荣的《略说马王堆出土的帛书竹简》（收入《马王堆医书研究专刊》第二辑）提出比较系统的看法：

1.六十四卦，无篇题，不分上、下篇。

2.六十四卦卷后佚书，分五篇：

第一篇，无篇题，自"二三子问"至"文沂若厉，无咎"，未记字数。

第二篇，无篇题，篇首残缺，末句为"小人之贞也"，未记字数。第一、二篇共计约二千五百字。

第三篇，篇题为《要》，记字数"一千六百四十"。

第四篇，篇题为《缪和》，首句是"缪和问于先生曰"，未记字数。

第五篇，篇题为《昭力》，首句是"昭力问曰"，记字数"六千"。

系辞分上、下篇，两篇共计六千七百余字。

对于帛书《周易》的编目，1984 年是进展最大的一年。这年第 3 期《文物》上，不仅发表了《六十四卦》最早的释文，即马王堆汉墓帛书整理小组的《马王堆帛书〈六十四卦〉释文》，而且还刊发了张政烺的《帛书〈六十四卦〉跋》、于豪亮在八年前写的《帛书〈周易〉》。关于帛书《周易》的编目，阐述最为详细的是于豪亮的文章：

1.《六十四卦》，约四千九百余字。

2.《六十四卦》卷后佚书，原来约一万一千余字，现存约九千余字，分五篇：

第一篇，无篇题，自首句"二三子问"至末句"文沂若厉，无咎"，未记字数。

第二篇，无篇题，篇首文字残缺，至"小人之贞也"止，未记字数。第一、二篇共计二千五百余字。

第三篇，篇题为《要》，记字数"一千六百四十"，前面部分残缺，残存十八行半（一千零四十字）。

第四篇，篇题为《缪和》，首句是"缪和问于先生曰"，未记字数。

第五篇，篇题为《昭力》，首句为"昭力问曰"，记字数"六千"。此篇所记字数"六千"，应是第四、第五两篇字数的总和。

3.《系辞》分为上、下两篇，合计约六千七百余字。

上篇，包括有通行本（依《周易·正义》的分章）上传的第一至七章，第九至十二章；下传的第一、二、三章，第四章的一至四节、七节，第七章的数句，第九章。

下篇，包括今本系辞所没有的部分，约二千一百字；《系辞》下传的第五、六章，第七章的其他部分，第八章；今本说卦的前三章。

这样，至 1984 年底，存在韩仲民和于豪亮的两个编目，到底《系辞》是二千七百余字还是六千七百余字？是不分上下篇，还是分上下篇？以及为什么会产生这些不同的看法？都是研究者关注的问题。

1990 年 12 月，张立文先生《〈周易〉帛书浅说》在《中国文化与中国哲学 1988》上刊发，文中有一节是《关于帛书〈系辞〉的字数问题》，对于豪亮主张的帛书《系辞》比通行本《系辞传》字数为多，分为上、下两篇的观点提出了不同意见。其论点如下：

1. 帛书《六十四卦》的卦序与通行本不同，但并没有分为上下经，同理帛书《系辞》也不应分为上下篇。《系辞》后面依墨色方块区别开来的并不是下篇，而应看成是另外一篇佚书，可称之为《易之义》。

2. 帛书《系辞》包括了通行本系辞上、下绝大部分内容。其所欠缺的通行本下传的几个章节，在《易之义》《要》这两篇佚书里都可以看到，故把《易之义》当作《系辞》下篇是不妥当的。

3. 帛书《系辞》的内容比得上通行本上、下两传，而且完全具备了上、下两传的首尾章节，其所缺少的仅仅是中间的小部分章节。

1991 年，张立文的《〈周易〉帛书今注今译》一书在台湾学生书局出版，其中第一章为《关于帛书〈周易〉》，对帛书《周易》的编目意见作了概括：

1.《六十四卦》，无篇题，九十三行，不分上、下经。

2.《二三子问》（暂称），无篇题，三十六行，首句是"二三子问"。

3.《系辞》，无篇题，四十六行，二千七百余字，不分上、下篇。

4.《易之义》（暂称），无篇题，首句"子曰，易之义"。

5.《要》，有篇题，字数记为"一千六百四十八"，十八行半，残存一千零四十字。

6.《缪和》，有篇题。

7.《昭力》，有篇题，字数记为"六千"，但这"六千"是《缪和》《昭力》两篇合计的字数。

这个编目以后遂成定论。在经过了长达近十九年的时间之后，才将编目意见统一。这还只是整理《六十四卦》《系辞》所用的时间。帛书《周易》整理工作之艰难，由此可见。

李学勤先生于 1994 年在《文物》第 10 期上撰写了《帛书〈周易〉的几点研究》，表述了他对《周易》结构的最新意见。此文详细分析了帛书的拼接缀合，结合《二三子问》与《易之义》的文献特征，指出《周易》包括两件帛书，可以称作上、下两卷：

上卷，经文即《六十四卦》《二三子问》。

下卷，《系辞》《易之义》《要》《缪和》《昭力》。

传文共六种七篇。

李学勤先生把缀合后的帛书《周易》分为三大块。第一大块是经文和《二三子问》，第二大块是《系辞》和《易之义》，第三大块是《要》《缪和》和《昭力》。据分析，第二大块是不能拼接于任何一块帛书之后的，因为在第二大块的开头有一行相当于赘简一样的空白，只能是一件帛书的起首。而第三大块与第二大块是可拼接的，因为第二大块的最后一行虽有残缺，但仍可看出下一行有墨钉标志，这正是第三大块《要》篇所缺的。帛书拼接以后，可以清楚地看出其分为两种，称之为帛书《周易》上、下两卷是合适的。在《易传》的篇目结构上，除认为《二三子问》可分为上、下篇外，其他意见均与原来的定论吻合。

关于《周易》经传的主要文献来源。邢文在《帛书〈周易〉研究》中表述了以下观点："帛书《周易》经传的主要文献来源，应该是与今本《周易》经传内容非常接近的一个《周易》传本。这个本子可能与今本《周易》并传，也可能就是《周易》的祖本，但一定不是今本《周易》经传。帛书《周易》的另一来源，是作为地域学术的帛书易学的学术思想甚或某些已佚的文献。作为一部地方易学的教材，帛书《周易》的编纂可能是按照《系辞》《易赞》《经》《二三子问》《要》《缪和》与《昭力》的顺序，在汉初编成的。""通过对帛书《周易》经文卦序特征的分析，我们的主要认识有三：第一，根据帛书卦序的构成特征，今本《说卦》的前三章与'帝出乎震'以后诸章在思想上是可以统一起来的；最迟始于宋代，中外学者对于今本《说卦》诸章的文献学考察，当有重新认识的必要。第二，清人易学的象数之学中，不仅可见与帛书六十四卦相近的卦序思想，而且可以在简单的技术性处理之后，发掘出完整的帛书卦序。这一发现启示我们，帛书《周易》的研究，如果置于宋、清易学的大背景中，也许会为我们提供全新的学术史知识。第三，中国古代的游宫思想与式的观念，都贯穿着时的观念；不论是天、地之变或游宫之神的与时徙移给民人带来的影响，还是'天时'（式）上的天、地、人、鬼四门，都可窥出中国古代天、地、神、时的思想痕迹。""帛书易学中的火、水对于自然水、火的超越，对'以阳驭阴'思想的强调，对于吉凶之义的阐说等，都是沉沦已久的火、水之说的思想内容；火、水之说的思想基础与重要特征，是顺应天时，与时变化，这既与卦气说的思想主线一致，也是理解天、地、民、神、时五行之说的重要方面。""帛书《周易》所见卦气说，改变了目前学术界对于卦气说的某些基本认识：卦气之说并非出于孟喜、京房；至少在汉初流传的帛书《周易》中，已经可见四象卦气与八卦卦气说……卦气说对于时的强调、卦的神性特征，与帛书《周易》的卦序思想、游宫思想及帛书《周易》的火、水之说，共同构成了认识帛书《周易》天、地、民、神、时'五行'说的思想基础。""帛书《周易》所见天、地、民、神、时'五行'之说，是佚传已久的五行古义。"此说的提出，一方面使长期聚讼的《尚书·甘誓》"五行"之谜与《荀子·非十二子》的思、孟"五行"之说俱得通解，另一方面也使人们在深入理解帛书易学独特的学术思想与倾向的同时，注意到帛书易学及相关文献的地域特征。帛书《周易》所见天、地、民、神、时"五行"说的发现，初步理清了学术史上"五行"说两系成说的"线索"。

从文献学的视角研究帛书《周易》，还不能不提到训诂校勘的问题。许多学者对此作了特别的研究。于豪亮的《帛书〈周易〉》、李学勤的《帛书〈系辞〉上篇析论》（《江汉考古》1993 年第 1 期）、丁南的《帛书〈周易〉别字谐音臆测》（《中华易学》1982 年第 2 期）、季旭升的《谈帛书〈周易〉的别字谐声》（《中华易学》1982 年第 2 期）、严灵峰的《马王堆帛书〈易经〉的出土对校勘学的重大意义》（《无求备斋学术新著》，台北商务印书馆 1987 年版）、王建慧的《马王堆帛书〈周易〉异文考》（《香港中文大学中国文化研究所学报》十九期，1988 年）、陈徽治的《帛书〈周易〉中的通假字》（《中华易学》1992 年第 1 期）、黄沛荣的《马王堆帛书〈系辞传〉校读》（《周易研究》1992 年第 4 期）及《帛书〈系辞传〉校正》（《道家文化研究》第三辑）、王辉的《马王堆帛书〈六十四卦〉校读札记》（《古文字研究》第十四辑）、连劭名的《帛书〈周易〉卦名校释》（《文史》第三十六辑）、吴辛丑的《从帛书异文看〈周易〉训诂中存在的问题》（《华东师范大学学报》教育科学版 1993 年第 1 期）、张立文的《帛书〈系辞〉与通行本〈系辞〉的比较》（《道家文化研究》第三辑）、曹锦炎的《马王堆帛书〈易经〉札记》（《马王堆汉墓研究文集》）等不仅涉及帛书《周易》中的一些古文字现象，而且扩展到用以解决其他疑难。

帛书《周易》的学派之辩，是帛书《周易》出土后学术界讨论的一个热点。讨论始于陈鼓应先生《〈易传·系辞〉所受老子思想的影响——兼论〈易传〉非儒家典籍乃道家系统之作》一文。此文发表于《哲学研究》1989 年第 1 期，所论兼及先

秦天道观发展的线索和《系辞》自然观所受道家的影响。吕绍
刚立即提出对立意见，在《〈易大传〉与〈老子〉是两个根本
不同的思想体系——兼与陈鼓应先生商榷》（《哲学研究》1989
年第8期）一文中认为《易大传》与《老子》是两个根本不同
的思想体系。讨论的深入，可见陈鼓应的《〈易传·系辞〉所受
庄子思想的影响》（《哲学研究》1991年第4期）、《〈易传〉与
楚学齐学》（《道家文化研究》第一辑）和《论〈系辞传〉是稷
下道家之作——五论〈易传〉非儒家典籍》（《周易研究》1992
年第2期）等。学术界明显分为两种意见。陈鼓应撰文《马王
堆出土帛书〈系辞〉为现存最早的道家传本》（《哲学研究》
1993年第2期），指出今本《系辞》是一部以道家为主而融合
阴阳、儒、墨各家思想来解《易》的作品。同时列举大量例
证，证明帛书本的道家倾向更为明显，可能是战国时期道家学
派的传本。并且特别提到帛书《系辞》最高哲学范畴为大恒而
不是太极，乃是判定其是道非儒的最重要的例证。这是《周
易》学派之辩的继续。许抗生先生《略读帛书〈老子〉与帛书
〈易传·系辞〉》（《道家文化研究》第三辑）认为老子思想是
《系辞》的主要思想来源。李定生先生《帛书〈系辞传〉与
〈文子〉》讲得更明确，说《系辞传》本来就属道家思想系统。
而廖名春《论帛书〈系辞〉的学派性质》（《哲学研究》1993
年第7期）和陈来《马王堆帛书〈易传〉与孔门易学》（《国学
研究》第二卷，北京大学出版社1994年版）则驳议《易传》
道家之说。调和中立之说可见张岱年先生《初观帛书〈系辞〉》
（《道家文化研究》第三辑）与余敦康先生《帛书〈系辞〉"易
有大恒"的文化意蕴》（《道家文化研究》第三辑）等。余文明
确表示持调和折衷立场，认为《易传》是儒道互补的产物：

"陈鼓应力主道家主干说，根据《系辞》所受老庄思想的影响，论证《易传》非儒家典籍，乃道家系统之作。陈先生的这个看法激发我进一步探索究竟什么是《易传》的思想核心的问题。《庄子·天下篇》曾经指出'《易》以道阴阳'。《系辞》也说'一阴一阳之谓道'。看来把这个由一阴一阳所构成的《易》道看作是《易传》的思想核心，大概是比较符合实际的，关键是如何对《易》道作出全面的理解。如果说过去我因强调其中的人文主义的倾向而断定具有儒家思想的特征，是蔽于人而不知天，失之于片面；那么陈鼓应先生因强调其中的自然主义的倾向而断定属于道家系统，则是蔽于天而不知人，同样失之片面。基于这种考虑，所以我修正了原来的看法，认为《易传》的思想核心非道非儒，说道亦儒，实际上是一种站在天人之学的高度综合总结了儒道两家思想的新型的世界观，集中体现了中国文化的基本精神。"为驳议反对意见，陈鼓应又写了《也谈帛书〈系辞〉的学派性质》（《哲学研究》1993 年第 9 期）、《〈易传〉中的道家思维方式》（《道家文化研究》第五辑）。1994 年，台湾出版的陈鼓应《〈易传〉与道家思想》（1996 年三联书店出了简体字版）成为第一部系统论述《易传》道家性质的专著。出版者在该书的简介中写道："本书重点在于讨论《易传》的学派性质。自汉代以来，学界无不误认易传为儒家作品。本书一反众说，从内证与类书中提出的大量原始材料，详尽地指证《易传》属于道家系统的作品。此一论点，对两千年来经学传统是一项空前的挑战，而在学术史上更有重大突破性的意义。"

海外学者对帛书《周易》也十分关注，并作了大量研究，值得注意和借鉴。其中成绩最为突出的当为日本东京大学池田知元教授。他所著《"马王堆汉墓帛书周易"要篇の研究》发表了《周易·要》更为详尽的释文（《东洋文化研究所纪要》第百二十三册）。其续篇《"马王堆汉墓帛书周易"要篇の思想》（《东洋文化研究所纪要》第百二十六册）在订正《要》篇释文的基础上，围绕《要》篇的思想，讨论了有关《易》儒教化诸问题，并且提出了《要》篇的成书年代是在荀子思想广为传布之后，在《老子》成书后不太长的时间内。具体地说，是在西汉初期的高祖到吕后，即公元前206年至公元前180年之间。他认为作者的思想是特别受过荀子思想影响的儒家。但是，与此同时，作者似乎对于道家或道家系统"道"的思想也感受到了极大的魅力，在思想上受了所谓《管子》四篇特别强烈的影响，因而也许可以认为《要》篇是在齐地成书的。日本近藤浩之先生的《帛书〈周易〉的整理过程及其编目》（《简帛研究译丛》第一辑，湖南出版社1996年版）对帛书《周易》的整理及其编目的认识过程作了相当系统而完整的归纳，另外也涉及帛书《周易》的出土情况和抄写年代问题，对于研究《易传》是十分有用的著作。笔者在本章中对《易传》的编目结构部分，即大量引用了近藤先生的整理成果。

**2. 关于《老子》乙本卷前佚书与《黄帝四经》的争论**

帛书《老子》乙种本前《经法》等四篇佚书，在《汉书·艺文志》和《隋书·经籍志》中都不见著录。1974年第9期《文物》刊登的《座谈长沙马王堆汉墓帛书》中详细记载了参加帛书整理的唐兰先生的长篇发言。他提出了《老子》乙本前的四篇古佚书就是《黄帝四经》的全新观点。这真是振聋发聩，在学术界引起极大的反响，有赞成的，也有反对的，但以赞成者居多。唐兰先生认为《老子》乙本前面四篇与《老子》

两篇（指德经和道经）之间并无隔断，六篇是连贯写下来的。《老子》是道家的经，黄帝四篇也是经，就是《汉书·艺文志》的《黄帝四经》四篇。《隋书·经籍志》说："黄帝四篇、老子两篇最得深旨"是有力的证明。黄老并称，黄和老实际上有很大不同。《黄帝四经》应该是公元前 4 世纪的著作，比《老子》晚，可能是一个早期法家采用一些《老子》的朴素辩证法，借以讲法家的理论的。第一篇《经法》讲的是法，是《老子》所不讲的。第二篇《十大经》（后来篇名定为《十六经》）主要讲的是兵，讲黄帝擒蚩尤的故事。《老子》主张不争，这里讲的却是"不争亦无以成功"。第三篇讲权衡轻重的《称》。第四篇讲《道原》，是有体系的。这本书有很多新的创造。例如，"刑名"（实际是形名）就是这本书开始讲的，为法家所主，有形才有名。战国后期的名家也讲形名，可是把名放在形的前面，和法家相反。还有"刑德"，也是这本书首先提出来的，是法家的提法。战国后期的《管子·势》《国语·越语》《慎子》《鹖冠子》等书经常引用这本书里的话，可见这本书在战国后期已经有很大的影响。这本书有完整的思想体系，绝不是东抄西撮所能凑合起来的。这本书的重新发现，使人们对黄老之黄究竟是什么，汉文帝为什么崇黄老，儒家为什么反对黄老，可以有比较清楚的看法。1974 年唐兰先生又重申了"这四篇就是《汉书·艺文志》中著录的《黄帝四经》，是黄老合卷的一部分"的观点。他列举了四点理由：一、这四篇是一本书，是关于黄帝的书。文章风格前后一致，思想体系极为完整。《十六经》里记载黄帝初立和擒蚩尤的故事以及黄帝和力黑（即力牧）、阉冉、单才（单盈才）、果童（四辅之一）、大山之稽（太山稽）、高阳（即《离骚》的帝高阳）等人的事迹或问答。由此可见，这本书是有关黄帝的书。二、从历史背景来看，抄写这本书的时候，正是汉文帝初年。《隋书·经籍志》在道家里说："自黄帝以下，圣哲之士，所言道者，传之其人，世无师说。汉时曹参荐盖公能言黄老，文帝宗之。自是相传，道学众矣。"曹参死于汉惠帝五年（公元前190年），那么，黄老之学在惠帝时早已流行开了。汉文帝刘恒在高祖十一年（公元前196年）时已封为代王，到他即位之后，既然爱好黄老，王侯贵族自然受其影响，他的皇后窦姬就是坚决的爱黄老者。《史记·外戚世家》说："窦太后好黄帝老子书，帝（指景帝）及太子诸窦不得不读黄帝老子，尊其术。"由此可见，当时黄帝老子是连起来读的两本书。既然是关于黄帝的书，又写在《老子》的前面，是黄老合卷，抄写的时代又正是文帝初年，故可判定这正是文帝和景帝时代通行的《黄帝老子言》。三、从著录方面来看，《汉书·艺文志》里道家者流有三十七家，其中有关黄帝的五家，即《黄帝四经》四篇、《黄帝铭》六篇、《黄帝君臣》十篇、《杂黄帝》五十八篇、《力牧》二十二篇。此外，阴阳家、兵阴阳、小说学者流、天文、历谱、五行、杂占、医经、经方、房中、神仙里共有以黄帝命名的书二十三种。只有《黄帝四经》是四篇。这个写本符合了战国后期的著书人往往假托神农、黄帝，所以有关黄帝的书很庞杂。但既然黄老合卷，这个"黄"总是和《老子》差不多，是属于"道学"的。《隋书·经籍志》的《道经部》又说："汉时，诸子道书之流有三十七家，其黄帝四篇、老子二篇最得深旨。"这里所说的《黄帝四篇》，就应该是《黄帝四经》。在《隋书·经籍志》里，《黄帝四篇》已不见著录，《道经部》所说大概是根据刘宋时的王俭《七志》或梁代阮孝绪《七录》转述的。从这里可以知道，黄老之学是《黄帝》四篇和《老子》二篇。南朝学者还能知道其底细。四、从本书体制和思想体系来分析，这四篇确实是经的体裁。它所表达的都比较简要，而带有概括性的。它大部是韵文，文体和《管子》、《韩非子》的一些文章很相似。《经法》一篇就径直称为经，《十六经》也称为经。总之，这四篇的体裁是经，是没有疑问的。至于思想体系，基本上跟《老子》相近，但也有新的发展。《老子》只讲道，而这四篇既讲道，又讲法，所以第一篇就是《经法》，是表面上用道家的一些话而实际说的是法家的观点。《老子》只讲名，而这四篇是把名和形（借有刑字）对立起来，称为"刑名"。在《史记·老庄申韩列传》里已明白透露刑名就是黄老之术，是黄帝言的一个主要特点。《老子》只讲德，而这四篇却把刑和德对立起来，称为"刑德"。《老子》不讲"理"，而这四篇强调"循名厩理"，讲曲直，分公私。作为君人南面之术，这是比《老子》更符合实际的。所以，汉文帝要宗"黄老"，"黄老"并称，"黄"有它自己的特点。

1989年，余明光发表了《〈黄帝四经〉与黄老思想》一书（黑龙江人民出版社出版），不仅以《黄帝四经》为书名，而且表示全面支持唐兰先生的观点。他在《前言》中说："起于战国而盛于西汉初期的黄学，曾是百家学术之林中的《黄帝》家。由于它的代表作不传于世，致使黄学被淹没了两千余年都不为人所重视。与此相联系的是西汉初期流行的'黄老'思想，在中国思想史上也一直是个谜。1973年长沙马王堆3号汉墓出土的《老子》乙本卷前古佚书，经近人唐兰先生考证为《黄帝四经》，这就为我们研究和恢复这个学派在历史上的地位，重新认识"黄老"思想，提供了可靠的史料依据。《黄帝》

之学，简称黄学。至汉代初年乃与《老子》混为一读，并称
'黄老'。其实两者同源而异流，实为道家思想两个不同的学术
流派。"书中用较多的篇幅摘录了大量先秦典籍中认定是引用
《四经》的文字，用以论证《四经》在这些书出现之前的战国
中期，即公元前4世纪左右就已成书。这些可证曾引用《四
经》的古籍有《申子·大体》和《慎子》的《国势》《德言》
《威德》等。如《经法·论》："名实不相应则定，名实不相应则
静。勿（物）自正也，自命也，事自定也。"《大体》曰："动
者静，静者安。各自正也，事自定也"。《经法·论》曰："三
名，一曰正名立而偃，二曰倚名法〔废〕而乱，三曰强主灭而
无名。"《大体》变为"昔者尧之治天下也以名，其名正则天下
治。桀之治天下也亦以名，其名倚而天下乱"。由此可以看出，
《申子·大体》引用《经法·论》时仅文字上稍加变动而已。再
如《称》说："不受禄者天子弗臣也。禄泊〔薄〕者弗与犯
难。"《慎子·国势》引之曰："是故先王见不受禄者不臣，禄不
厚者不与入难。"《称》篇说："故立天子〔者，不使〕诸侯疑
焉。立正嫡者，不使庶孽疑焉。立正妻者，不使婢妾疑焉。疑
则相伤，杂则有方〔妨〕。"《慎子·德言》引之曰："立天子者
不使诸侯疑焉。疑则动，两相争，杂则相伤。"《称》曰："天
有明而不忧民之晦也，百姓辟其户牖而各取昭焉。天无事也。
地有□而不忧民之贫也，百姓斩木刈新而各取富焉，地亦无事
焉。"《慎子·威德》引之曰："天有明，不忧民之暗也；地有
财，不忧人之贫也。圣人有德，不忧人之危也。天虽不忧人之
暗，辟户牖必取已明焉，则天无事也。地虽不忧人之贫，伐木
刈草必取已富焉，则地无事也。圣人虽不忧人之危，百姓准上
而比于下，其必取已安焉，则圣人无事焉。"先秦古籍中，还

有《鹖冠子》《文子》两部书。这两部书，梁启超先生认为是后人伪托，但从今本中却发现其中有些话是引自《四经》。这就证明这两部书不是伪托，而且可以证明《四经》在这两部书之前，即战国中期左右就已成书。

陈鼓应先生在《关于〈黄老帛书〉四篇成书年代等问题的研究》（收入《马王堆汉墓研究文集》，湖南出版社1994年版）中说："唐文发表后，有些学者提出了不同的看法……从目前看来，仍然是唐兰先生的说法论据最强，影响最大，为多数学者所接受……现在看来，《经法》等四篇就是《汉书·艺文志》记载的《黄帝四经》应无大的问题。"此文对唐兰先生的观点表示了赞同。

对唐兰先生《黄帝四经》的提法直接提出不同意见的有裘锡圭先生。他在《马王堆〈老子〉甲乙本卷前后佚书与道法家》（载《中国哲学》第二辑，1980年）和《马王堆帛书〈老子〉卷前古佚书并非〈黄帝四经〉》（载《道家文化研究》第三辑，后收入上海远东出版社出版的裘锡圭《文史丛稿》）中非常清楚地表明：他不相信四篇佚书是《黄帝四经》。他提出的理由是首先从四篇古佚书的形式方面来考虑，四篇体裁各别，除一、二两篇字数相近外，它们的篇幅也长短悬殊。第一篇《经法》长达五千字，末篇《道原》只有四百六十四字，这跟作为《老子》上、下篇《道经》和《德经》体裁相同、篇幅也相差不远的情况截然不同。四篇佚书中，第二篇《十六经》屡次提到黄帝，其他三篇则一次也没提到黄帝。从这一点看，它们不像是构成《黄帝四经》的四个部分。他还从古书引黄帝之言的情况来进行考察，列举了《六韬·文韬·兵道》《吕氏春秋》的《去私》《圜道》《序意》《上仁》《迁合》《审时》和《贾谊新书·修政语上和宗首》所引黄帝书，无一有见之于这四篇佚书的。而在古人心目中，《黄帝四经》是道家黄帝书中很重要的一种，他们引黄帝书时绝不会完全不用《黄帝四经》，所以在上录古书所引黄帝言中至少有一部分应该是出自《黄帝四经》，可是这些引文在四篇佚书中却一条也没有出现。

李学勤先生在《新发现简帛与秦汉文化史》（见黑龙江教育出版社出版的《李学勤集》）和《论新出简帛与学术研究》（《传统文化与现代化》1993 年创刊号）等文中，称四篇佚书为《黄帝书》，采取了很慎重的态度。但他在为余明光《〈黄帝四经〉与黄老帛书》一书所作序言中，还是认为唐兰先生"推定其为《黄帝四经》是有说服力的"。他在文中说："四篇佚书在马王堆帛书中间发表最早，也最先得到大家的注意。十几年来，有许多海内外学者对之作过研究，有论文也有专著。思想史、哲学史的作品有些还辟出专门论述的章节。学者们提出了不少互不相同的意见，特别对于这几篇佚书名称应当是什么见解不一。认为四篇即《汉书·艺文志》所载《黄帝四经》的看法，是唐兰先生提出来的，其他学者响应的不多，我自己是赞同唐先生的。在一篇小文中表示过这样的观点：唐先生列举的几点重要证据，不少学者都忽略了。四篇文字列于《老子》乙本之前，这和《老子》甲本之后附抄佚书情形不同……在《老子》这样重要的书前面写录的书，就不能认为是附抄的，其重要性至少和《老子》相等。所以唐先生引据《汉志》、《隋志》推定其为《黄帝四经》是有说服力的。"

### 3.《长沙国南部地形图》和《驻军图》的研究

出土时，《长沙国南部地形图》和《驻军图》都折叠成长方形，幅面沿折线已分别残断成三十二片和二十八片，加上图中线条印痕纵横交错，是原迹还是渗印的线条非常难以辨识，因此，对其拼接复原是一项困难而精细的工作。曾经参与帛书整理的韩仲民先生在《中国古代地图（战国至元）》（文物出版社1990年版）中撰写了《关于马王堆帛书古地图的整理与研究》一文，追忆了拼接复原的过程。《地形图》的拼复工作有五项依据：一、原图折叠方式所形成的排列次序与帛书揭开时照相编号的顺序一致；二、表示县城的八个矩形符号中所注记的地名，有七个可以根据文献资料的记载确定其大致方位；三、表示河流、山脉、道路的线划符号应该是连续的，如河流由细变粗的划线反映从河源到下游的不同特征，支流则汇注入主流；四、各层帛片上渗印的痕迹处于互相对称的位置上；五、用针线缝起的宽约5厘米的折边应是地图的四周，而两幅帛拼接在一起的痕迹则位于图幅中间。由于图上线条印痕纵横交错，真伪难辨，所以第一步只能将图中一条主要水道的轮廓大致拼连在一起。这条水道的线条由细到粗，由0.1厘米到0.8厘米，画出了从河源到下游的连续的图形，其他水道则汇注于这条主流。根据有关的地名注记，大体可以判断这是属于湖南省的一条河流，但不能确定它相当于今天的哪一条河。当时把图中半圆形水域看做洞庭湖，因为在这个地区没有其他大片的水域，而图中这条主要水道也自然地汇注入洞庭湖。这样拼出的是一幅横三片、纵十四片的长方形图幅，方位为上北、下南、左西、右东。此后，根据河道、符号渗印在其他帛片上的印痕，判断帛书相互间的关系，同时也认出了一些印反了的照片。参照拍摄照片的顺序号，发现了帛书地图的折叠方式，这是整理工作的突破，为确定各幅帛书的位置提供了确凿依据。折叠的次序是先上下后左右，连续对折两次，再左右对折一次。按这个顺序可以将帛片排列为横四片，纵八片，一共三十二片。这样就出现了一幅长宽各96厘米的正方形图幅，四周有用针线缝起的宽5毫米的折边，两幅帛拼连的痕迹正在图幅中间，从而完整地再现了古地图的全貌。原来图幅左上角那个半圆形水域不是洞庭湖，而是南海湾。古地图的方位是上南下北，左东右西，图上的主要河道则是源于南岭和九嶷山区的诸支流汇聚北流的一条河水，相当于今潇水。

有了《地形图》整理拼复工作的经验，如折叠方式、印痕的对称位置、划线的连续衔接等，第二幅《驻军图》相对地应该比较顺利了。而事实却不尽然，首先是《驻军图》帛片破损严重，许多碎片以及粘连在其他帛书上的帛片拍照时无法根据编号顺序确定是在哪一幅帛片上，最后只能根据上述《地形图》拼复原则先拼成二十四片，其他残片依靠帛纹的方向、图形的形状大体上拼成四片接在地图右侧上，从而拼复成一幅横七竖四、长96厘米、宽78厘米的《驻军图》。

1977年，文物出版社出版了《古地图》，发表了两幅古地图的照片和临摹图，并编辑了《古地图论文集》，为古地图的研究提供了最基本的资料。二十多年来，对古地图的研究主要集中于有关长沙国的历史地理、《驻军图》的主区范围和《地形图》的测绘特点等几个问题。

有关长沙国的历史地理中一个重要问题是汉初长沙国与南越国的分界。谭其骧先生在《马王堆汉墓出土地图所说明的几个历史地理问题》（收入《古地图论文集》）中认为："这幅汉初长沙国深平防区图（《地图形》）的出土，断然肯定了《南越列传》武帝元年'令路博德将兵屯桂阳下湟水'所讲的桂阳指的是县，图上画的有桂阳县。按照本图幅的图例，凡南越境内郡县一概不予注记，则桂阳县显然应在长沙国境内。这就证实了汉初南越之间这一段疆界并不以五岭山脉为界。桂阳县既在长沙境内，则桂阳县东南的阳山关应在长沙南越界上。按元鼎五年汉兵一军'出桂阳，下湟水'，这是取道阳山关旁的水路。""从阳山关东至横浦关之间，据《元和志》有任嚣城，在韶州乐昌县（今县）南五里。据《舆地纪胜》有赵佗城，在韶州仁化县北九十里城口村（见今图，北去湖粤省界约六里）。故汉初长沙南越间边界，当在此二城稍北。任嚣城之北约当以今乐昌县西北之乐昌峡为界。赵佗城之北当即以今省界为界。""至于阴山关以西，则在文献资料中可考者惟有湘漓发源处一点。""从湘漓发源处这一点东至阳山关之间的长沙南境边界的走向，绝不见于传世文献记载，马王堆这幅图刚好可以补文献之不足。图中将深水南岸的支流一一画出，还在这些支流的两岸画了不少乡里。其中临水即今萌渚水的乡里，一直画到水源萌渚岭的山脚下……可见当时长沙国南境是直抵今湘粤间的分水的。""我们把文献资料与这幅图中所显示的情况结合起来，可作一线西起秦汉零陵县西南，东南行穿灵渠，越海洋山、都庞岭，经图中□鄣约当今江永县治之南，循今湘桂省界折南折东，又东经连县南抵秦汉阳山关，折东北穿乐昌峡，折东循今湘粤省界踰大庾岭至横浦关，大概就是汉初长沙国与南越国之间的边界。它既不是以五岭为界，也不同于《汉书·地理志》里的桂阳、零陵二郡南界。"谭其骧先生的论述可说是迄今对汉初长沙与南越分界的最详尽的考证，而他的论据很多则取自于马王堆出土的古地图。

有关长沙国历史地理中的另一个问题是对古地图中长沙国西南边区八个县治位置的考证（图四七）。《地形图》在其主区和近邻区范围内画着八个县治：营浦、春陵、烨道（泠道）、南平、龁道、桃阳、观阳、桂阳。这是当时长沙国西南边区的一部分，其中营浦、烨道、桃阳三县见《汉志》零陵郡，南平、桂阳二县见《汉志》桂阳郡。这幅图的出土说明了这五个

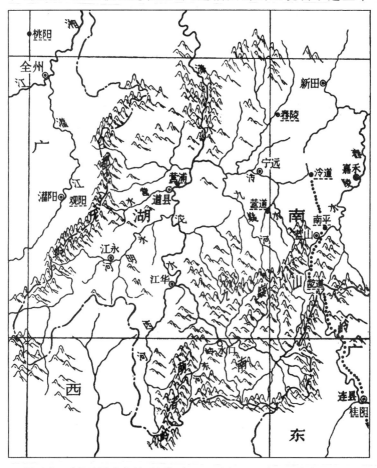

图四七　《长沙国南部地形图》主区、近邻区山川县治在今图上的
位置示意图（取自谭其骧先生文章附图）

县最迟在汉文帝时代（即多数人认定这两幅地图绘制年代）已经设置。焓道《汉志》作泠道，桃阳《汉志》作洮阳。此外，舂陵、观阳、龁道三县不见于《汉志》。《汉书·王子侯表》曰："武帝元朔五年，封长沙定王子买为舂陵侯。"据《后汉纪·光武纪》及《后汉书·城阳恭王祉传》记载："买封泠道之舂陵乡。"但图上舂陵的字外加方框，这是县治的符号，可见舂陵在元朔以前早已是县，并不是泠道的一个乡。观阳，历代地志都说始置于孙吴，今既见于此图，可见汉初已有此县，可能在西汉末年以前罢废，孙吴系复置而非创置。龁道，不见于汉以来任何记载，包括各种地方志。若没有这幅图出土，谁也不可能发现九嶷山下二千一百年前曾建立过这么一个县的历史事实。由于图的主区部分画得很精确，近邻地区也画得相当精确，在这一范围内，图中县治方位往往可据以补充文献的记载，或确定不同说法的是非。

营浦，据《水经注·深水篇》和《湘水注》，只知道营浦县治在东北流的深水北岸，无法确定方位。据《元和郡县志》《寰宇记》《方舆纪要》，汉县即唐宋以后道州，今道县治。《清一统志》引旧志谓在州北营阳乡，地名大汉。两说歧异，亦不知"大汉"的确切方位。谭其骧先生根据地形图上将营浦县治画在营、深二水会合处的稍下游，深水折北流处的上游，推定旧志的说法是有根据的。但州北应作州东北，距今县里程虽无法确定，但不会很远，因而《元和志》等书不予注意，迳作古今同治。今县治东三里有一村落以东门为名，应该就是古营浦城的东门，古城约在今城东二里许。对谭其骧先生的结论，迄今未见不同意见。1976年周世荣先生对《地形图》中八个古县邑进行实地调查，发现在今道县县城东南角确有一汉代古城，并有护城河遗迹。其方位与《地形图》中所绘方位——深水与营水汇合处的北岸偏东相符。

烂道，《水经·湘水注》谈到泠水"出九嶷山，北流迳其县（指泠道）西南，县指泠溪以即名"。似县治应近泠水。《寰宇记》更明确说"其县临泠道水为名"。又据《旧唐书·地理志》《寰宇记》，古城在唐延唐县、宋宁远县，即今宁远县治东南四十里。《寰宇记》另一条记载又作"东四十里"。因此，正确方位应为东偏南。但泠水西去宁远不过二十里，故治若确是临泠水，则不可能在今县东偏南四十里。可能就是由于传说存在这些矛盾，因此近代地方志上又另创故城在县东南三十里萧韶峰下之说，还说是"故址尚存"。1961年《湖南省志》即采用此说。谭其骧先生根据《地形图》推算出烂道县治离泠水还有相当一段距离，其方位正在今宁远县东偏南约四十里，因而认为《旧唐书》《寰宇记》所载故城方位是正确的。周世荣先生在《马王堆三号汉墓地形图古城邑的调查》（《湖南考古辑刊》第二集）中提出"故城位于今宁远县泠水区东城公社下胡家大队之盐缸罐"的主张，并引用1961年《湖南省志·地理志》萧韶峰下之说予以论证，还列举了在该地发现了土堡、护城河、城垣和东周及汉代陶、瓦片等，推断此城肯定为汉代城池。张修桂在《马王堆〈地形图〉绘制特点、岭南水系和若干县址研究》（《历史地理》第五辑，上海人民出版社1987年版）中对这一说法提出了质疑，认为这个城池虽然可能是汉代城池，其先在秦代或已是九嶷山下的重要堡垒，但据《湖南省志》所载泠道故城予以定名、断代，无疑是错误的。根据盐缸罐定位，泠道故城当在《地形图》所示敢里西南的泠水东岸，但此图所示泠道位置极其明确的是在泠水的敢里东北。西汉初期泠道县治的具体方位，当在泠水沿岸求之。今兰山县西北这条泠水旁的祠堂圩一带，当是图上泠道故址的所在地。最近，周九宜著文《对泠道、龁道、春陵、深平城址地域的探讨》（《湖南考古辑刊》第七集），其中也谈到对泠道位置的见解。此文中说对古地图"用尺测量，可知（泠道县城）距春水稍近，距泠水略远。审视古地图还可发现，它绘在自九嶷山伸延的等高线东侧"。文章提出他在 1987 年于兰山县总市乡下坊村城头岭发现的一处夯土城址，就是《地形图》中所绘泠道县城遗址。根据如下：一、地理位置吻合。其城址所在地域距春水比距泠水略远；它位于《地形图》中所绘等高线的东面，地理位置与古地图所绘一样。二、古地图上春水在等高线之东，泠水在等高线之西，泠道城假使是示意性的图记，绘图者也绝不会把位于山峰（等高线）以西的城址错绘到山峰（等高线）东面。因此，笔者认为城址的位置是据实绘记的。三、出土器物可以证明此城为秦末汉初的城址。四、史料的记载已指明其为泠道故城。据《旧唐书·地理志》延唐县条下注记："汉泠道县，故城在今治东南四十里"。城头岭城址与延唐县（延唐观）城址的方位，正好是"今治（延唐）"东（略偏）南约四十里的方向。五、经与《地形图》查对，位于泠水水道东岸今宁远县东城"盐坛罐"（延唐观）城址所在地域，正处于《地形图》中连接泠道、营浦的道路线穿越泠水出现断线的河东岸空白区域，说明此地域当时并无城址。据此，笔者认为"盐坛罐"城址不是《地形图》中所绘泠道城。至于"盐坛罐"城址……笔者认为它应是汉武帝元鼎六年（公元前 111 年）所置营道县城，因其建置晚于马王堆三号墓《地形图》绘制时间数十年，所以古地图没有绘记它。"周九宜文章所认定的泠道城地域兰山县总市乡距张修桂所认定的兰山县祠堂圩，距离不超过 20 公里。

春陵，宁远县北柏家坪有春陵侯墓和春陵城。春陵侯墓为长沙定王刘发的儿子第一代春陵侯刘买的墓。春陵城传说是春陵侯所筑之城，城墙尚完整保存，面积仅 10000 平方米左右，村民称之为"十三亩地"。城内有大量战国晚期至秦汉之际的陶片，因此筑城较刘买封侯的汉武帝时代要早。周世荣在《马王堆古地图有关问题研究》一文中根据实地调查资料认定这就是《古地图》上的汉初春陵县城。但另一方面又认为帛书《地形图》中的春陵位于今宁远县的东北，因而与实际方位有矛盾。张修桂在《马王堆〈地形图〉绘制特点、岭南水系和若干县址研究》一文中认为，这里存在一个对帛图精度估计过高的问题。图上泠水、㮬水以北地区所绘山川、居民点等要素都偏南偏东，愈向北偏离愈大。春陵在本图最北框，其偏离达最大值，因此，春陵故城要按此图定位，必然造成偏东、偏南的误差。文中并对郦道元《水经·湘水注》的一段话"（都溪）水出春陵县北二十里仰山，南迳其县西。县本泠道之春陵乡，盖因春溪为名矣。都溪水又迳新县东"作了诠释，认为此春陵乡即汉初春陵故县，本图所标之春陵，于元帝初元四年迁治南阳白水乡，故县遂入泠道为春陵乡，三国吴于此复立春陵县，即《水经注》中所谓的"新县"。

龀道，从未见于文献记载。对这座城邑的地理位置，目前有两种考证。谭其骧认为"可能在今兰山县大麻营（今称大麻瑶族乡）的钟水东岸"，周世荣则认为在今兰山县所城乡的所城遗址，并认为《地形图》中的龀道与《驻军图》中的龀障"实际是同一城邑"。而周九宜在《对泠道、龀道、春陵、深平城址地域的探讨》中利用实地调查的材料，表示对谭说的赞同。此文中说，据在大麻、所城一带田野调查，发现今大麻乡驻地（即大麻营）的钟水东岸有一当地群众称为"练兵坪"的地方，有人工夯筑的城垣，并有汉代陶片。对照《地形图》认定该遗址就是龁道。其理由如下：第一，该遗址北与《地形图》中所绘龁道地理位置相符，均在春水（今钟水）发源地附近，位于河道的东岸，特别是位于通往岭南的古大道旁。今大麻乡的南风坳就是古代往广东的必经之地，是湘粤两省的分界岭。第二，从龁道与蛇君两地的地理位置来看，蛇君是图中所绘一个居民点，绘于龁道城的西南。据考证，蛇君即大桥堡。《地形图》上可以看到蛇君与龁道分别位于两条南北分流的河流发源地附近，这与今天的大桥堡（蛇君）、大麻（龁道）的位置完全一致。蛇君位于深水（今沱江）发源地的一个支流源头，龁道位于春水（今钟水）的发源处附近。第三，从出土遗物可以否定所城是汉代城址。调查时在所城未发现汉初的文化遗物，周世荣先生在调查时也承认只见到宋代瓷片。文章还认为龁道与龁障并非同一城邑。龁障是属于深平防区下一处军事要塞性质的驻兵点，而不是县级城邑。在《地形图》中，龁道是绘在春水发源处的东岸，而在同一墓所出《驻军图》中龁障却画在春水上游的西岸，这是地图绘制人明显地把龁障和龁道区别开来的证据。

南平，谭其骧在《马王堆汉墓出土地图所说明的几个历史地理问题》中引《寰宇记》"蓝山县本汉南平县也，今县东七里有南平故城存"，认为这种说法与《水经·钟水篇》经注所载钟水流经南平县东至钟亭，灌水（即桂水）发源桂阳县（今广东连县）北界山北流来会相符合。钟水即今蓝山县城东钟水，灌水即今发源湘粤界山北流至古城东十余里注入钟水的毛俊水，明确表示不同意近代地理志书别创汉县故城在今县东北五十里土桥墟附近一说。其理由是钟水自土桥墟以下，根本不存在一条发源于湘粤边界北流入钟水的水道，显然与《水经》及郦注不合。这幅图里的南平县画在冷道县西偏东，相当于古城的位置，而不在正东土桥墟位置，证实了谭说的准确。

对《古地图》研究的另一个重点问题是对《驻军图》主区范围的确定。有两种明显不同的意见：一种意见是源于《马王堆2、3号汉墓发掘简报》和詹立波《马王堆3号汉墓的守备图探讨》（收入《古地图论文集》）认为《驻军图》主区是大深水流域，也就是今天湖南江华瑶族自治县的潇水流域，而潇水是由冷水和沱江会合后而成。在会合之前，在江华境内一段应称"沱"。那么其范围似应包括今天整个江华县境内的沱江流域。这是按图中深平城（即今江华县沱江镇）来进行定位的。如主区是上述范围，方圆为五百里，图的比例大致是八万分之一至十万分之一左右。《探讨》还说："守备指挥机关设在守备地域中央，并地近四条河流汇合处，相当于今天江华瑶族自治县所在地水口镇。"一种意见以张修桂先生的《马王堆〈驻军图〉主区范围辨析与论证》一文为代表，明确表示确定《驻军图》主区的地域范围不能以深平城的位置为依据，因为深平城在本图主区范围之外，其定点本身即有任意性。确定全区范围，关键是要抓住本图设计的核心——前线指挥中心这个三角形城堡今天可能的所在之处，然后对其附近水道逐条进行推导。只要今天沱江流域某一地区的若干水道和图上所绘水道平面布局完全一致，并符合开发过程和基本比例，即可确定这一地区为《驻军图》主区地域范围。他不同意图上指挥部在今江华县水口镇，也不同意图上指挥部在今花江河口或今贝江口，

也不同意在麻江口镇（周世荣《马王堆古地图有关问题研究》
称：在麻江口镇以北五里的地方，发现了一处三角形古代遗址
的台基，三面环水，一面靠山，正与图上指挥部的地理环境完
全相符，只是在遗址地表上没有找到西汉的遗物。该文刊发于
《文物》1975年第2期）。他认为如若置指挥中心于水口镇，
单从图面水系考虑，营水就无法措置。置指挥中心于花江口，
不但营水，连智水也无法解释。置指挥中心于贝江口，图面水
道虽勉强可以解释，但不合图面的精度，更不合当时当地未经
开发、荒无人烟的历史事实。从而提出应该把指挥中心置于今
江华县沱水源头区的安平河口东岸码市街的沱水南岸。这样，
《驻军图》上所表示的各项内容全都可以得到合理解释，包括
水系布局形式、所汇支流平面位置。将指挥中心置于码市街的
沱江南岸，其主区所表示的地域范围即可准确地定为沱水源流
区的码市盆地。这样该图深水流域用红色实线所绘的近于长方
形的防区的山脊线所圈定的主区地域范围也就随之可以确定。
东部界线南起智水源山山顶，北经条水源头条山山脊，又北经
湛水源山—昭山山脊，再向北经蛇山山脊，止于深水源的东部
分水岭。此东界中段与今江华县东部的湘粤界山一致。具体地
说，东部界线南起今广东连山县五侯山，北经湘粤界山大龙山
深冲顶，再向北沿今湖南蓝山县的钟水、深水分水岭至九嶷山
的东麓，全长63公里。南部界线东起智水源山，西经满水源
头的满封，又西经蓄水、延水、喻水的诸水源山山脊以及袍水
的源山袍山顶，再西至留山顶，尔后北折西行终于石里西侧。
南界与今湘桂之间的南岭山脊线完全吻合，此线亦即沱水与大
宁河的分水脊线。它东起五侯山，西经中子山，又西到湘、
粤、桂三省的界山芙蓉顶，再西经湘桂间的五马顶，至广西顶

向北折，长约 30 公里。北部界线所指的北部山脊界线仅指今九嶷山东部诸山尖连线，即东起潇水源头东部的紫良源，而经潇水源、深水源，终于香炉山的 112°东经线上，全长约 10 公里，但不包括九嶷山西部的癫子山、狮子山诸山脊连线。西部界线从今广西顶，向东北径輋江和务江之间的分水岭，在梅子沟过沱江，再沿东径 112°线上的鹿马岭北上，终于香炉山，全长约 57 公里。综上可见，主区实际范围的周长约 160 公里，面积 850 平方公里。在《驻军图》长方形山脊线所圈定的地域范围内，其绘制精度极明显地可分为三个不同等级：第一是实测精绘的南部地区，包括指挥中心附近以及菌水、智水、湛水三流域地区，面积约 525 平方公里，是主区的核心部分，也是《驻军图》中具有统一比例尺的惟一地区，比例尺大约为四万分之一至五万分之一。第二是实测示意的北部地区，包括深水和资水的两个源流地区，即相当今九嶷山东部的南麓。它是从属《驻军图》实际主区的北半部，面积约 325 平方公里。它与第一区不存在共同的比例关系，精度较差，但具示意性。第二区内有关河流和居民点的相关位置还是比较协调的，可以说自成体系。第三是随意装饰的西北部地区，包括深、菌合口以北的深水两岸地区。此区在图上所示范围虽然很小，但实际包括的地域最广，相当于今萌渚水以东、輋江以西的江华县境的绝大部分地区。

关于《地形图》的测绘特点是个极为重要又有很强专业性的研究课题。研究文章涉及的不太多，或者虽有涉及但论述十分笼统。幸喜有张修桂先生专门性的研究文章《马王堆〈地形图〉测绘特点研究》发表，非常详细地对《地形图》的测绘特点进行了分析，使人们得以深入地了解二千一百多年前这幅地图所达到的高度水平。此文很长、很细，这里只能概括性地引述其中的主要观点。文章将此图测绘特点概括如下：一、准确地测定图幅设计核心和支测点；二、突出地表示水系和山脉；三、详细地反映聚落与道路的配置；四、概括地勾画岭南山川大势；五、适当地调整图面布局。此文认为，《地形图》是以深平大本营为核心，以九嶷山地区为重点进行设计和测绘的。深平是地形图测绘起始点，并由此分别从几个方向测出若干导线和支测点进行全图的测绘工作，再由若干支测点用方位角交会法核定深平的地理位置，所以深平的定位相当精确，主区的精度也相当高。由于桂阳是南越赵佗和长沙国都视为必争或必守之地，所以方位角绝对准确。泠道、龁道、营浦、南平四个县方位角也相当精确。除南平误差 7°外，其余三县均在 3°以内。依图和实际距离测出主区的基本比例为桂阳—深平 1∶17.5 万，桂阳—营浦 1∶17.6 万，桂阳—龁道 1∶17 万，桂阳—南平 1∶17.6 万，桂阳—泠道 1∶16.1 万，深平—营浦 1∶19万，深平—龁道 1∶14.2 万，深平—南平 1∶13.4 万，营浦—龁道 1∶15.3 万，营浦—南平 1∶14.7 万，营浦—泠道 1∶17.6万。由此可见，主区东半部存在一个 1∶17 万左右的基本比例，这是地图高精度的集中表现。特别是由桂阳至深平、营浦、龁道、南平、泠道诸县比例尺极为一致，而中间需翻越南岭山地，如果不具备丰富的测绘知识，基本比例很难构成，该图也就不可能达到如此高的精度。桂阳应该是该图测绘中一个最重要的支测点。从深平至龁道、南平、泠道等地明显偏离基本比例尺，究其原因在于制图者有意识地对九嶷山地区进行图面调整造成的。图上绘有深水流域主干流共二十五条，其中一级支流十四条、二级支流九条、三级支流二条。除源流区有争论外，它们之间交汇关系用现代实测地形图作为对照，证明帛图所绘完全正确，甚至它们之间的交汇点基本上也是准确的。地形图所绘闭合山形曲线，包括四个组成部分：第一部分是作为深水流域的界山，置于深水水系的四周，构成该图主区的基本轮廓。西部南北走向的闭合山形线，即今五岭之一的都庞岭。南部东西走向的山形线，即今湘粤桂三省之间的萌渚岭及其东延部分。东部南北走向的山脉，即今江华与连县之间的南岭界山，北部山脉包括今朝阳山脉和都庞岭的北端。北框边深水山峡，《水经注》称为"营阳峡"，今已开发为双牌水库。它们的形态都十分逼真，位置基本准确。在主区的东北和西南两端，山形线断开成二大谷地，就是今天新田县南境与江永县南境的谷地平原区，古今形势极为吻合。第二部分的闭合山形线是作为深水众支流间的分水岭形态出现的。这里有着连绵不断的群山，也有零星孤立的山地丘陵。这一部分整体形态基本正确。第三部分是闭合山形线内叠加螺纹状符号特殊表示的九嶷山，形态醒目而形象，并有舜庙的建筑。第四部分闭合山形线绘于主区之南。东部向桂阳南伸及西延的山形线代表今从连县以北向东直抵大庾岭的整个南岭东半部和粤北瑶山山地；中部岭南的独立山形式，即今广东绥江和永丰河的分水岭，自西向东包括今横水顶、石钟顶、擒鸦顶和牛冈顶等十二个连续不断的1500米左右高的山地。地形图还详细准确地反映了当时该地区的八十多个居民点和近二十条陆路交通线。在深水第四支流发源地的南岭山脊上，竟然也开辟了一条沿山脊东西面的道路，估计此路当为军事需要而开辟，目的是接应地处岭南的桂阳。所有乡里都分布在深水支流的两岸。而深水干流两岸，除深平附近三个居民点外，绝无乡的设置。作者认为当与深水的洪水泛滥有关。地形图所绘乡里密集于四个地区：深水源流区及牖水、垒水、侈水流域。而这四个地区各有一个"部"的设置，分别叫纡部、牖部、垒部和侈部。"部"可能是介于县与里之间的乡一级机构。为知己知彼，地形图力求将它所防范的南越赵佗境内的山川大势予以概括的勾画。图中邻南东框边的水道，为今北江干流及其东源浈水。《地形图》十分清楚地以今浈水及北江干流为北江水系的干流，而以洭水（今连江）作为注入北江的支流，完全符合自然河道的自然形势，比二百五十年后的《汉书·地理志》中将洭水作为北江水系的主干，而把秦水（今武水）及北江上游段作注入洭水的支流的意见更为科学。岭南西部所绘诸河均属今珠江流域的西江水系，东南至封开入西江的贺江及西源富川江、淹水分富川江的源头之间，未绘闭合山形线的分水岭予以隔开，这是该图所绘水道源头的惟一特例，理由是南岭山脉是长江水系和珠江水系的自然分水岭。图中自东向西连绵的都庞岭与萌渚岭之间戛然截断，不加绘任何山形线与之衔接，这是绘制者通过实测，了解南岭这一地段存在一个相对低下的山间大谷地，从而在图中真实地反映出南岭这一地段的特殊形态。《地形图》主区属实测精绘，邻区为示意性质。但无论主区和邻区，都根据实战需要，进行过适当的图面布局的调整。邻区图面布局的调整，以岭南北江水系最为典型。如果单纯根据该图主区东部边框所处的经度，机械地向岭南作延长线画界取材，今北江水系及番禺所在的南海湾，除桂阳西边的一小段洭水之外，全部都在东框之外，不能收入本图。制图者为使岭南这些极其重要的军事目标在图上得以反映，首先把本应从图上桂阳北部向东延伸的南岭东部山地，调整改为向南延伸，使它仍能留在图框内，南岭东部的大庾岭既然在图中能得以表示，岭下的浈水和北江干流也就可以自如地在图上绘出。制图者根据实战需要，把近邻的浈、洭二水地区，略远的北江中游河段，有意识地加以调整压缩，仅保留极小一段予以示意。南海湾的番禺地区，尽管距防区很远，实际位置又应在东南框之外，但制图者深知这个关键性的战略要地，特意给予突出表示，把它西移约150公里，置于图框之东的东南角。因受北边框限制，邻区罗水（西江）和今仁水也无法向北自然伸展，为使其入图，便采用缩短它的长度并大幅度地向东南方挤压的办法予以处理。而按主区基本比例已无法入图的舂陵和桃阳二县，由于与本防区存在某种关系，也被硬塞入此图之中。此图在96×96平方厘米的帛面上，事先已规定划出96×24平方厘米的南部四分之一地区安排赵佗境域的山川概貌，因此，按实际位置本应在南框边的桂阳至临水源头的整个东西走向的南岭山脉，遂被向北调整，使之大部分与都庞岭的南端同处一纬度上。南岭调整北移所造成的挤压，必然影响主区的绘制精度。可是在主区东部之内，制图者仍极力维持重点地区基本比例的一致性。在北图框不可能突破的情况下，采用了调整缩绘深水源及其第一支流长度的办法，调和了这一难以处理的矛盾，既维持了主区之内的基本比例，也完成了既定的载荷量。

### 4.《天文气象杂占》和《五星占》研究

《天文气象杂占》和《五星占》均是现存最早的天文书，在天文学史的研究上具有特殊重要的意义。因此，它们出土后引起了学术界的广泛重视。而就深入研究来说，《天文气象杂占》更为突出。

《天文气象杂占》所列云、气、星、彗星四大部分，其中最有价值的当推彗星部分。杂占中向人们展示了三大幅绘制于两千多年前的彗星图及其占辞。这些彗星图是现今世界上最早的描绘彗星各种形态的图籍。这些彗星图及其占辞的影印件最初公布于《文物》1978 年第 2 期的图版，同时还发表了席泽宗先生的研究文章《马王堆汉墓帛书中的彗星图》和顾铁符先生的《马王堆帛书〈天文气象杂占〉内容简述》。席泽宗的研究文章着重是讲彗星图和占，对帛书中的二十九幅彗星图及图下占文进行了详细的考证。1978 年 11 月，上海科学技术出版社出版《科技史文集》第一辑，其中转载的席文增加了各彗星图的摹本。1979 年《中国文物》第一期上刊发了《天文气象杂占》的图版以及由国家文物局古文献研究室整理、注释的杂占占辞的全部释文。其中有关彗星占辞的释文与《文物》1978 年第 2 期的释文完全相同。1986 年 4 月，上海古籍出版社出版的《上海博物馆集刊》第 3 期发表了陈奇猷先生的《马王堆汉墓帛书彗星图试释》，对帛书彗星图占作了新的考释。席泽宗对原载《文物》1978 年第 2 期关于彗星图的文章作过修改后，将篇名改为《一份关于彗星形态的珍贵资料——马王堆汉墓帛书中的〈彗星图〉》，收入 1979 年湖南人民出版社出版的《马王堆汉墓研究》。1994 年出版的《马王堆汉墓研究文集》发表了王胜利的《帛书天文气象杂占的彗星图占新考》，对席泽宗、陈奇猷等所作彗星图研究进行了重新审视和检讨，有许多新的创见，在有些方面还有新的突破。

席泽宗的多篇文章评估了《天文气象杂占》中彗星部分的科学价值。文章认为按公元 1878 年俄国天文学家布列基兴（公元 1831—1904 年）提出的观点，根据彗尾的弯曲程度可把彗星分为三种类型：Ⅰ型的彗尾几乎笔直，差不多位于和彗星向径相反的方向；Ⅱ型的彗尾向着和彗星运行相反的方向倾斜，而且宽阔而弯曲；Ⅲ型是有着比前两类短得多而向后弯曲得更厉害的彗尾。Ⅰ型由等离子气体组成，叫作气尾，在太阳风作用下，分布在等力线上；Ⅱ、Ⅲ型由大大小小的尘埃组成，叫做尘尾，在太阳辐射压的作用下，分布在等时线上。另外还有一种直指太阳的短针锥体的彗尾，被称为反尾。这种分类和东汉时文颖注《汉书·文帝纪》"八年有长星出于东方"时所说"孛、彗、长三星，其占略同。然其形象小异。孛星光芒短，其光四出蓬蓬孛孛也。彗星光芒长，参参如埽彗。长星光芒有一直指，或竟天，或十丈，或三丈，或二丈，无常也"很接近。按这种说法，孛星可能就是具有反尾或无尾的彗星，而长星显然具有气尾，彗星具有尘尾。蚩尤旗被看作尘尾中弯曲得最厉害的，即布氏Ⅲ型。由此可见，汉代关于彗星的分类已有一定科学水平。马王堆帛书《彗星图》的发现更为此提供了实物证据。除翟星较特殊外，其余都是头在下，尾朝上，尾巴的形状各种各样。其中窄而笔直的"天箭"，可以认作是布氏Ⅰ型，也就是文颖所称"长星"。弯曲较小的如白灌、赤灌、帚彗和厉彗，应是布氏Ⅱ型。而蚩尤旗则是布氏Ⅲ型。彗星离太阳较近时，才在太阳的作用下，由头部喷出物质，形成彗尾。彗星离太阳较远时，只有一个暗而泠的慧核，并无头尾之分。由于喷出的结果，彗星每接近一次太阳，物质就散失一部分，而气体多寡的不同，彗头形态也就不同。1943年苏联天文学家奥尔洛夫（公元1880—1958年）根据这一标准将彗头分为N、C、E三类。N类由于多次回到太阳附近，彗核完全失去气体，当它经过太阳附近时，只看到彗核，没有彗尾。由尘埃组成的彗尾直接从彗核开始，向着太阳相反的方向延伸，这叫做无发彗星；C类彗核中气体比较缺乏，经过太阳附近时，有彗发，但无壳层，彗头呈球茎状；E类彗核中有丰富的气体，彗头呈锚形。从马王堆彗星图中彗头的形状可以发现奥尔洛夫三类彗头在这里都可以找到它的表现形式：有圆形的头部，中心还有一小圆的，如赤灌、蒲彗、秆彗、蒿彗，应该是E类彗头；只有一个圈的，如白灌、彗星、另一秆彗、帚彗、厉彗、两个不同的竹彗、另一蒿彗、两种苦彗、苦芰彗、甚星、瘨星、扨星、干星，可以说是C类彗头。而只有一个大黑点的，如另一赤灌、天箭、另一白灌，可以认为是N类彗头。彗星往往不止一条彗尾，往往可以有不同类型的几条彗尾。1977年出现的德·歇索彗星，尾巴多至六条，这当然十分罕见。一般说来有二三条尾的彗星常见，帛书图上最多的画有四条，也是合理的。根据彗星图中不同彗尾形态和不同彗头形态看来，当时的观察是何等的精细和准确。

对彗星图进行研究的基础是对其摹绘和占文的考释。席泽宗作了大量开创性的工作。他首先将廿九颗彗星名称考释为赤灌、白灌、天箭、夆、彗星、白灌、赤灌、蒲彗、蒲彗星、耗彗（后改为秆）、秆彗、帚彗、厉彗、竹彗、竹彗、蒿彗、蒿彗、苦彗、苦彗、苦发（后改为芰）彗、甚星、瘨星、扨星、干彗、苦彗、蚩尤旗、翟星。彗星的图文原本全部描绘在整幅帛书最边的第六列，自右向左成一列排开。席泽宗的摹本将它们改为自左向右排成三列。上面所写星名就是他按这种自左向右依次将三列摹绘编号的顺序排列的（图四八）。此后，陈奇猷对席泽宗文中星名的释文作了一些更正或提出了不同意见，但对摹绘和释文提出修正意见最多也最有见地的还推王胜利《帛书〈天文气象杂占〉中彗星图占新考》。他首先依帛书图文

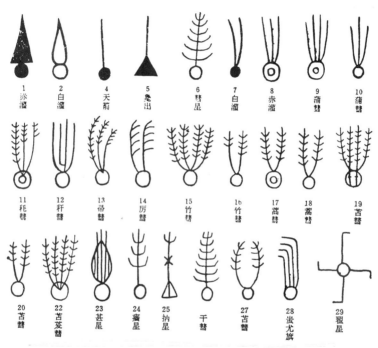

图四八　帛书慧星图（席泽宗摹本）（其中 3 天箭图不清，
　　　　21 图文均不清没有列出）

原方向顺序重新摹绘，排成四行（图四九），并将图中"天
觉"、"荧惑"补充收入。他认为唐代《开元占经》卷八十五所
释战国楚星占家甘德的彗星占文中有"天桙"，一名"觉星"
之说，则"天觉"即"觉星"，亦即"天桙"。此"天觉"占辞
为"天下起兵而无成"，与甘德"天桙"的占辞"不可举事用
兵"意思相同。而行星荧惑在图中与彗星画在一起，说明作者
认为同是象征灾异的妖星。席泽宗摹本中顺序第二"白灌"和

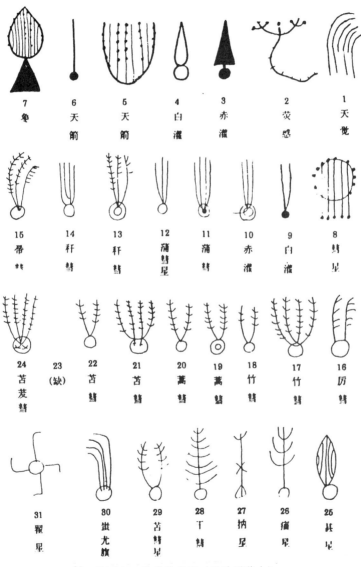

图四九 帛书慧星图（王胜利摹本）

顺序第四"天箭"之间还有一释为"天箭出，天下采，小人负子姚（逃）"的"天箭星"。席摹称该"天箭图不清"，没有摹出。王文根据图版和杂占全件中的该图星形尚能基本辨析，予以葺出补充。在席摹顺序二十"苫彗"和第二十二苫茇彗中应有一星，但图形和占辞皆残泐不清，王和席的摹本均空出一个位置，未能摹出，也未能识出占辞。这样，王胜利的摹文和占辞共有三十一个，除排行二十三的一星未能摹出外，实绘和考释三十个彗星的图和占，顺序依次为天觉、荧惑、赤灌、白灌、天箭、天箭、兔、彗星、白灌、赤灌、蒲彗、蒲彗星、秆彗、秆彗、寻彗、厉彗、竹彗、竹彗、蒿彗、蒿彗、苫彗、苫彗、（缺）、苫茇彗、甚星、癗星、扳星、干彗、苫彗星、蚩尤旗、翟星。对彗星图形的临摹有多个与席摹本有较大出入，对星名的解释有十多条补充和更正，或提出新的释文。如认为赤灌、白灌应为赤藋、白藋，因星图并无灌木丛生貌，而其尾形如藋草的种壳。认为两个天箭，"箭"一为簫的假借，一为"如竹竿的兵器"。兔，应为檀木别名。席将"厉彗"释为"厉为大带之垂者"，王改释为"厉，疾飞也"，是因其尾呈飞扬状。"癗星"，席、陈两人均释"癗为灵柩两旁遮掩物"，而王依《尔雅·释草》改释为"水蓼"。王还认为翟星是因有四支光芒射向四方，形如风车，似与无尾彗星"孛星"同类，而不是因形似长尾山雉。诸如此类甚多，其中不乏真知灼见。王胜利在文中有一个十分重要的发现：在这些彗星当中，有八对名称相同的星（指赤灌、白灌、秆彗、天箭、苫彗、竹彗、蒲彗、蒿彗），但这些同名彗星形态却没有一对是完全相同的。之所以会出现这种情况，是因为它们的名称是由不同的星占家所命取的。在二十九个彗星当中，有十个彗星的名称和占辞标明是出自一个名叫

北宫的星占家之手，它们可算做"北宫系统"，其余十九个星
的名称和占辞则出自某个（或某些）佚名的星占家之手，它们
可算做"非北宫系统"。这两个系统的彗星图各有自己的一些
特点。"北宫系统"的特点是：一、对彗尾形态上的微小差别
观测得比较仔细。例如，二十号蒿彗、二十二号苦彗和二十九
号苦慧（顺序号均按王自己文章和摹本的编号）星的头部均为
单圆圈，尾部均有芒刺的两枝，差别仅在于各星左尾芒刺的数
目略有不同（苦彗三芒、蒿彗四芒、苦彗星五芒）。正是彗尾
这一微小差异，致使北宫分别给各彗星命取了不同的名称。
二、对彗头的形态观测得比较粗略。例如，其各星头部均作圆
形，或为圆圈，或为圆点，而没有三角形，且圆圈形头部均为
单圈，彗尾仅在圆圈上与彗头相连，没有扦入圆圈内的情况。
"非北宫系统"的特点是不仅注意到了彗尾的不同形态，对彗
头的不同形态也观测得比较仔细。例如，其所测各星的头部既
有三角形的，也有圆形的。既有单圆圈，也有大圈套小圈的。
又如，彗头与彗尾的连接方式，既有连接在圆圈上的，也有扦
入圆圈内的。另外，还有些彗星的差别主要表现为彗尾扦入彗
头中形成的结构有所不同，如同为多芒四尾，单圆圈彗头的十
七号竹彗、二十一号苦彗和二十四号苦芰彗就是如此。

　　3号墓出土帛书《五星占》的附表释文发表在《文物》
1974年第11期，全部释文则载于《中国天文学史文集》（科
学出版社1978年版）。自从它的释文发表以来，已有不少学者
著文研究，其中代表性的论文有收录入《中国天文学史文集》
中的度泽宗的《马王堆汉墓帛书〈五星占〉研究》和陈久金的
《从马王堆汉墓帛书〈五星占〉的出土试论我国古代的岁星纪
年问题》，有王胜利的《岁星纪年管见》、刘彬徽的《马王堆汉

墓帛书〈五星占〉研究》和陈久金的《关于岁星纪年若干问题》(《学术研究》1980 年第 6 期)以及席泽宗的《马王堆汉墓帛书中的〈五星占〉》(《中国古代天文文物论集》,文物出版社 1989 年版)等。这些研究文章涉及《五星占》的天象观测年代和抄写者的时代、关于《五星占》的纪年依据为何种纪年法以及《五星占》所达到的科学成就的评估等几个方面。

关于《五星占》所记录的天象观测年代,有四种不同的看法:

第一种看法是由释文最早提出的秦始皇元年说(或秦始皇时期说)。"帛书中木星、土星和金星的七十年位置表是根据秦始皇元年的实测记录,利用秦汉之际的已知周期排列出来的,可能就是颛顼历的行星资料"(席泽宗《马王堆汉墓帛书中的〈五星占〉》)。《五星占》中的木星资料"为秦始皇元年至统一中国期间的实测,以后年分的资料是推算出来的"(陈久金、陈美东《从元光历谱及马王堆天文资料试探颛顼历问题》)。

第二种看法是战国中期说。这种观点认为"岁星和金星都不在秦王政正月晨出……在关键的地方是不符合天象实际的,五星占十二岁名和岁星金星的行度,本来都是战国中期观测、制定的"(何幼琦《试论〈五星占〉的时代与内容》,《学术研究》1979 年第 1 期)。

第三种看法是汉初高祖至吕后期间说。这种观点认为"《五星占》中的大量资料很难认为是秦始皇元年至统一中国期间所实测,《五星占》所载的纪年法也不会是根据这一期间的实际天象创制的"。"汉高帝元年和代皇元年的木星实际位置是与《五星占》的记载相吻合的。这说明《五星占》中的木星资料很可能是以汉初的实际天象为基础编排出来的,其所载的纪年法也是以汉初的实测资料为依据制定的"（王胜利《岁星纪年管见》，《中国天文学史文集》（五），科学出版社 1989 年版）。

第四种看法是秦始皇元年至汉文帝三年说。其依据是秦始皇元年木星在营室，和帛书是一致的。据此，《五星占》的天象观测年代应始于秦始皇元年，自此以后的天象都与《五星占》相符。依据席泽宗《中国天文史上的一个重要发现——马王堆汉墓中的帛书〈五星占〉》推算，汉文帝三年（公元前 177 年）的金星"以六月与柳辰出东方"。按六月甲子朔太阳和金星都在柳宿，太阳与金星的黄经差仅 4°，已经快相会合了，"是晨出东方"。"以九月与心夕出西方"，九月癸巳朔金星在心宿，太阳在氐宿，两者黄经差为 20°，金星又开始于黄昏时出现于西方了。这两个记录都与事实相符合。木星于九月底与太阳在尾宿相会合，到十月二十一日，时太阳已行至箕宿末，而木星仍在尾宿，两者的黄经差为 16°，木星又晨出东方了，但不是与心，也不是与尾，而是与斗晨出，也就是说岁星超一辰了。这年不应是癸亥年，而应是甲子年。也许就是这个原因，星历表到这一年就结束了。如果这一推算可靠，按岁星约八十四年超行一次计算，则由汉文帝三年（公元前 177 年）上推八十四年，应为公元前 261 年，也就是说公元前 261 年至前 177 年为《五星占》所载天象的适用年代范围，早于公元前 261 年或晚于公元前 177 年都应按岁星超次计算。

《五星占》与汉初太初历以前的历法和星岁纪年法的关系，是聚讼最多，而又最复杂的问题，有多种不同见解。第一种见解是《五星占》纪年法为颛顼历纪年法。"秦始皇元年就是当时所行用的历法颛顼历的实测历元，秦及汉初岁星纪年法与颛

项历一齐创制，成为颛顼历的一个组成部分"，"太初历纪年法
与颛顼历纪年法都属同一类型，即保持太岁在寅、岁星在亥的
关系"。这是以前述天象观测年代的第一种看法为依据得出的
结论（陈久金《从马王堆汉墓帛书〈五星占〉的出土试探我国
古代的岁星纪年问题》，《中国天文学史文集》科学出版社
1978 年版）。第二种见解是以主张《五星占》以"战国中晚期
观测、判定"为依据提出来的看法，来源于战国中期第一个
"太岁纪年的摄提格岁（公元前 363 年）"。论者认为存在两种
摄提格岁，相应地历法也存在两派。这种见解同样承认岁星与
太岁的对应关系是亥与寅的关系，但坚持太岁与岁阴为二（何
幼琦《试论〈五星占〉的时代与内容》，《学术研究》1979 年
第 1 期）。第三种见解认为五星占所载的纪年法即太初历纪年
法。它认为颛顼历的观测者根据当时的实际天象是制定不出比
甘石纪年法的岁星位置超越二次的与太初历纪年法类型相同的
颛顼历纪年法的……颛顼历所使用的可能仍然是战国时期各国
通用的甘石纪年法。明确表示不同意五星占纪年法就是颛顼历
纪年法（王胜利《岁星纪年管见》）。与第一、二种意见相同的
是第三种意见也认为《五星占》所载纪年中岁星与太岁的对应
关系是亥与寅的关系。关于古代岁星纪年法中岁星与太岁的对
应关系有两种类型：丑与寅相应，可统称为甘石纪年法；亥与
寅相应，可称为太初历纪年法。以上三种意见都认为《五星
占》所载纪年法中岁星与太岁的对应关系为第二种类型。第四
种见解是刘彬徽先生在《马王堆帛书〈五星占〉研究》中提出
的全新观点。他认为《五星占》所载纪年法中岁星与太岁对应
关系与太初历纪年法中岁星与太岁的对应关系属同一类型，但
是从两者晨出周期所载每月星宿的宿次来看，有同有异，异多

于同。文章将太初历纪年法（《汉书·天文书》采用太初历纪年法论述）的岁星晨出星宿与《五星占》的岁星晨出星宿作了比较，发现存在差异。《五星占》十二个月岁星晨出星宿依次为营室、东壁、胃（附表为娄）、毕、东井、柳、张、轸、亢、心、斗、虚。而太初历依次为营室和东壁、奎和娄、胃和昴、参、东井和舆鬼、星和张、翼和轸、角和亢、氐和房、心和尾与箕、斗和牵牛、婺女和虚危。由此可知，其中二、三、四、七、八、九、十月晨出的星宿两者全然不同，即太初历的星宿都要后退一宿，而其余五个月晨出星宿太初历有二至三个，五星占只有一个，仅与该月太初历的第一个星宿相对应。最可注意的是太初历的正月所跨为两个星宿，而五星占则分属于正、二月。这就是问题的症结所在。因为太岁与岁星的对应关系是以星次命名的十二次和十二岁名（辰名）相对应关系为标准的。所以按《五星占》营室为正月，东壁为二月，应分属两个星次，而太初历却是同属一个星次。再参照二十八宿古距度研究的成果，可以推测《五星占》十二次的星次范围与太初历的星次范围有一定的差距。可以认为《五星占》的十二次范围是早于太初历的早期划分法，也许可早到战国时期。这样从两者十二次范围的差异，就会发现《五星占》太岁在寅，正月当营室晨出东方的星次就不是亥次（訾），而是相当于子次（玄枵），从而找到了与太初历的差异点：太初历的寅与亥的对应关系刚好相差一次。因而《五星占》所载纪年法是既不同于甘石纪年法，也不同于太初纪年法的一个新类型。文章进而作出结论："帛书《五星占》第七章的木星行度表，列出了秦始皇元年至文帝三年的岁星纪年，这个岁星就是按五星占纪年法编制的，是与当时的实际星象相符的，即保持太岁在寅、岁星在子的对应关系。比之其前的甘石纪年法中太岁在寅、岁星在丑的关系，超了一个星次。惟其如此，才能和实际天象相符。比之其后的太初历纪年法太岁在寅、岁星在亥的对应关系，后退了一个星次，也惟其如此，才有太初改历，使岁星位置与实际天象相符。以之检验秦及汉初文献记载中的岁星纪年资料，也无一不合。"这样的结论就是"汉初从高祖元年至太初改历前的星岁纪年乃行用五星占纪年法，而不是颛顼历纪年法和太初历纪年法"。问题似已解决，但马王堆帛书《刑德》发表后，作者自己发现了新的矛盾：在马王堆帛书《刑德》乙篇的干支表中，干支由甲子开头，至癸亥为止共六十个干支，其中有三个干支左边标有国名或帝王年号，即在壬辰旁写上"张楚"，在丁未旁写有'孝惠元'，在乙卯左边写有"秦皇帝元"。这几个干支纪年经与历史年表查对，全部与太初改历后的干支纪年相接，比五星占纪年法差一年，比甘德纪年法差两年。似乎这一时期已是使用太初历纪年法。如若按以上结论当时确是采用五星占纪年法，那么如何解释这种矛盾呢？作者最后的解释是按《刑德》篇，高祖十一年"太阴在巳"，应该是四月"与毕辰出东方"，而五星占此年三月岁星"与胃晨出东方，太阴在辰"。同是一年，一为太阴在辰，一为太阴在巳，即一为三月晨出，一为四月晨出。那么，惟一可能的解释是两者岁首不同，即《刑德》的岁首比《五星占》早了一个月，《刑德》干支纪年的岁首相应《五星占》的十二月，即以十二月为正月，《五星占》的三月，《刑德》就得写成四月。由此发现《刑德》反映的历法乃是岁首建丑（十二月）的历法，这正是楚历建丑的历法。由此可见，《刑德》当是战国时期楚国兵阴阳家的作品，仍沿用了楚国的历法。到了太初改历，由于岁星超了一次，由五星占纪年法衍变为太初历纪年法，恰好与楚国历法沿用下来的太岁纪年相合，但也只是太岁所在相合，而楚的岁首建丑则改为夏正岁首建寅。

最后是对《五星占》所达到的科学成就的评估。席泽宗在《中国天文学史的一个重要发现——马王堆汉墓帛书中的〈五星占〉》中，除对五星占所载金星会合周期、土星会合周期、恒星周期的精确度评价很高外，还根据帛书第九章最末一段将内行星之一的金星在一个会合周期内的动态分为"晨出东方—顺行—伏—夕出西方—顺行—伏—晨出东方"这样几个大的阶段，而且对第一次顺行给出先缓后急两个不同的速度，对第二次顺行更给出先急、益徐、有益徐三个不同的速度以及第二章中有"其逆留、留所不利"，第三章中有"其出东方，反行一"等记载，推论出当时已有了关于金星视运动顺行、逆行、留、伏以及不同速度的概念。占文把行星在上合附近一段看不见的时间叫潃即浸，亦即淹没在太阳光之下，而把下合附近一段看不见的时间叫伏，就是说潜伏在太阳光之下。这说明当时可能已经注意到了金星亮度的变化，这在世界天文史上是一件了不起的事情。此文还指出，从关于金星的叙述中人们知道，对于天体间的距离当时已有三种记法：1）度和分；2）尺和寸；3）指。当时没有小数概念，小数概念是用分数表示的，分母往往取得很大。如《汉书·律历志》中关于行星会合周期的奇零部分的分母都在七位数以上，而且各行星的分母不同，很不方便。而《五星占》中一律用 240 分制。例如，金星的会合周期为 $584\frac{96}{240}$，这是现今六十进位制的四倍，很方便。帛书在讲木星的时候曾谈到"日行二十分，十二日而行一度"，即一度也是等于二百四十分。这既反映了当时我国已有精确度较高的观测仪器，又反映了秦孝公十二年（公元前349年）商鞅变法的内容。商鞅变法时曾废除百步为亩的制度，改用二百四十步为一亩。席泽宗用天文学家的专业知识对《五星占》的科学价值进行的分析，应该是准确而独到的。

**5．医书类帛书研究**

马王堆医书（包括帛书和简牍）仅篇目就达十四种之多。对它的研究，大致可分为两个阶段。第一个阶段是从1973年至1985年。这一阶段，马王堆医书的材料尚在陆续发表，学者们多只能对已发的部分材料作一些局部的研究和介绍。这一时期主要发表的文章有中医研究院医史文献研究室的《马王堆3号汉墓帛画〈导引图〉的初步研究》（《文物》1975年第6期）、唐兰的《试论马王堆3号汉墓出土〈导引图〉》（收入《导引图》，文物出版社1979年版）和《〈却谷食气篇〉考》、湖南省博物馆和中医研究院医史文献研究室的《从三种古经脉文献有经络学说的形式与发展》（收入《导引图》）、马继兴的《帛书〈脉法〉初探》（《湖南考古辑刊》第3集）、马继兴和李兴勤的《我国现已发现的最古医方——帛书〈五十二病方〉》（《文物》1975年第9期）、马继兴的《马王堆帛书四部古医学佚书简介》、李经伟和傅芳的《关于〈五十二病方〉的书名及其外科成就的讨论》（《中华医史杂志》1981年第11卷1期）、何宗禹的《马王堆医书考证译释问题探讨》（《中华医史杂志》1981年第11卷2期）、马继兴的《解放后出土文物在医学史上的科学价值》（《文物》1978年第1期）等。1981年1月至2月，以湖南中医学院和湖南省博物馆的部分学者为主体组成了马王堆医书研究小组，在《湖南中医学院学报》上相继发表了两期《马王堆医书研究专刊》，相对集中地刊发了国内一些研究马王堆医书的论文。后又于 1981 年 9 月在湖南衡山、1984 年 6 月在长沙举办了两次全国性的马王堆医书研究学术报告会，并相应地成立了长沙马王堆医书研究会，对医书研究起了促进和推动的作用。这一阶段对马王堆医书作系统整理和研究、出力最巨的是参加帛书整理小组工作的马继兴先生。他在 20 世纪 70 年代就写出了《马王堆古医书考释》，可惜因客观原因，当时未能正式出版。

第二阶段是从 1985 年至今，也就是自马王堆医书全部公布以后到现在。1985 年 3 月，十四种医书由帛书整理小组简略加注后编成《马王堆汉墓帛书》（肆），并由文物出版社出版，从而为医书研究提供了完整的第一手资料。这一时期，海内外学者相继出版了一些很有价值的马王堆汉墓医学研究专著，如美国夏德安的《关于〈五十二病方〉》（1982 年利加利弗利亚大学博士论文）、日本山田庆儿主编的《新发现中国科学史资料之研究》（1985 年 3 月、12 月由日本京都大学人文科学研究所印行）、日本坂出祥伸的《道教和养生思想》（1992 年 2 月出版）、日本江村治树等人编的《马王堆出土医书字形分类索引》（1987 年出版）等。在国内首先问世的是周一谋、萧佐桃主编的《马王堆医书考注》（天津科学技术出版社 1988 年版）。全书分提要、释文、考注和按语四个部分，极有利于帮助读者更全面、更准确地理解出土医书的内容，了解不同的学术见解。随后，周世荣的《马王堆汉墓养身气功》于 1990 年 5 月由湖南科学技术出版社出版，魏启鹏、胡翔骅的《马王堆汉墓医书校解》（壹）、（贰）两册也于 1996 年 6 月由成都出版社出版，马继兴的《马王堆古医书考释》于 1990 年 11 月由湖南科技出版社出版。除这些专著外，自 1992 年起，还有一批有分量的研究论文陆续发表。如李零的《马王堆房中术研究》（《文史》三十五辑）、史常永的《马王堆汉墓医书考释》（《中华医史杂志》1993 年 7 月）、台湾李建民的《中国古代"禁方"考论》（台北《历史语言研究所集刊》第六十八册一分册，1997 年）和《马王堆汉墓〈禹藏埋胞图〉笺证》（同上，第六十五册四分册，1994 年）等。1994 年 5 月出版的《马王堆汉墓研究文集》更集中发表了数篇关于马王堆医书的研究文章，其中有美国夏德安的《五十二病方和越方》、杜正胜的《试论传统经脉体系之形成—兼论马王堆脉书的历史地位》、马继兴的《马王堆古医书中的呼吸养生法》、周一谋的《帛书〈养生方〉与〈杂疗方〉中的方药》、李零的《高罗佩与马王堆房中术》、日本大西克也的《帛书五十二病方的语法特点》等。它们从不同侧面深入地揭示了马王堆医书丰富的科学内涵和学术价值。1990 年 9 月，在长沙举行了首届全国性的马王堆医书研究学术研讨会，国内很多医药科技方面的学者参加了会议和提供了论文，内容包括文字训释、养生导引、药物方剂、病理诊断、临床医疗等方面，范围十分广泛，在医学界引起较大反响。

对马王堆医书的研究，除了文字校释和考证，绝大部分的论文都是从不同的角度对帛书与中国古代医学典籍的源流关系、对帛书所反映的古代药物学水平、经络学说与诊脉法、古代医方药剂以及养生学等方面进行研究，揭示了前所未知的汉初医学成就。例如，《五十二病方》《养生方》《杂疗方》《胎产方》等帛书中的药名总数达三百九十四种。这些药物的定名虽然处我国古代早期药物品种区分定名的原始状态，但可看出汉初药物学已达到相当可观的水平。再如，《五十二病方》中能认定的一百九十七个医方充分反映了当时除药物组合已相当科学外，还反映药在方剂型的运用上也为后代的发展奠定了基础。至于方剂的用法、服药的时间、服药的将息法、服药的次数、服药的禁忌等方面的记载，也都充分显示了汉初方剂学达到的水平。马王堆帛书中的医书还告诉人们，中医的外科手术有悠久的历史，并且证明古代文献中关于扁鹊、华佗的外科手术记载不是没有事实根据的。这些研究文章论及到丰富的养身健身理论，如《却谷食气》和《十问》中的呼吸养生法、《导引图》表现的气功健身法以及《合阴阳方》中的"七损"、"八益"、"十动"等性保健理论。有学者认为，其中有些篇章是目前世界上最早的关于研究性医学的专科文献。至于帛书所反映出的中国独特的经络学说形成的进程以及它在传统经脉体系中的历史地位，则有更多论文进行了深入分析。

## （二）帛画的研究

对马王堆汉墓帛画的研究，集中于 T 形帛画和 3 号墓棺室两壁帛画。

T 形帛画的研究，重点是名称、作用、画的内容和它所涉及的神话传说。商志䄧先生《马王堆 1 号汉墓"非衣"试释》（《文物》1972 年第 9 期）首先提出 T 形帛画在 1 号墓竹简遣策中的名称为"非衣"。一简记载为"非衣一，长丈二尺"，一简为"右方非衣"，后者是总结性的文字。文章认为'非衣'应释为"飞衣"，"非"像鸟展翅飞翔。竹简上记载非衣长一丈二尺，按汉代一尺约合今 23.5 厘米，一丈二尺约合今 282 厘米。简报说帛画全长 205 厘米，这只是帛画本身的长度，并没有把下角的穗子和上面的伴带的长度计算在内，更没有把非衣顶上夹纻漆璧计算在内。穗子长 17 厘米，伴带 15 厘米，漆璧直径 14 厘米，璧上系的采绶长 34 厘米，合计 80 厘米。非衣实物总长 285 厘米，与竹简所记基本符合。安志敏先生《长沙新发现的西汉帛画试析》(《考古》1973 年第 1 期)、孙作云先生《长沙马王堆 1 号汉墓出土画幡考释》(《考古》1973 年第 1 期) 和马雍先生《论长沙马王堆 1 号汉墓出土帛画的名称和作用》(《考古》1973 年第 2 期) 均认为它应是画幡铭旌，原是悬挂在直立的旗竿上，送葬时入圹后从竿上取下覆在棺上。在这些文章中，对其名称的考证以马雍的文章最为详尽。此文引《礼记·檀弓》孔颖达正义一段文字，对这种旌旗作了综合详细的分析。据孔颖达所言，送葬之旌计有三种，一曰乘车之旌，二曰廞车之旌，三曰铭旌。天子备此三旌，士无廞车之旌，至于诸侯和卿大夫，则经文不具。孔疏引熊氏 (朝鲜学者熊安生) 之说，认为大夫以上都有廞车之旌，与天子同。人们所见的是其中哪一种呢？首先可以排除“乘车之旌”。因为上引孔疏说得明白，乘车之旌是不入圹的。当棺柩入圹之后，将乘车之旌载在柩车上运回，所以决不会在墓中发现乘车之旌。所谓乘车之旌，即死者生前所乘车辆上的旌旗，这是平时使用的，非死后所置。这幅帛画画着死者的形貌与她临死时年龄相当，足证这是在她死后才制成的，所以它决不会是死者生前乘车上所建之旌。“至于‘廞车之旌’与‘铭旌’两者，据孔疏所云，都是入圹之物。但我们在马王堆汉墓中所见到的旌旗只有这一幅帛画，该墓又不曾被盗，可见当时入圹之旌仅有一种，我们必须在廞车之旌和铭旌两者之间抉择其一”。“按‘廞车之旌’

不见于《仪礼》和《礼记》，仅见于《周礼·春官·司常之职》，文云'大丧共铭旌，建厥车之旌，及葬亦如之'。厥车一名遣车，又名鸾车，车上装载明器与祭奠的牲体，厥车本身是入圹的……'厥车之旌'是随同厥车一道入圹的，它与棺枢无关。可是，我们在马王堆汉墓中并未见到厥车的痕迹。而这幅帛画又放在棺枢上，看来它不像是厥车之旌……既然这幅帛画不是乘车之旌，又不是厥车之旌，就只可能是'铭旌'了"。"铭旌的名称很多，或谓之'铭'，或谓之'明旌'，或谓之'旐'，或谓之'丹旐'，或谓之'枢'"。"近代的铭旌，仅有题字而无图画，但古代的铭旌是有图画的。《仪礼·士丧礼》曰：'为铭各以其物'，已说明'物'是旗帜上的图徽。当时的铭旌是上端画图徽而下端书名氏。图徽的意义是代表死者的爵级身份。既然铭旌上所画旗物都是平时所用的旗物，所以，就正规制度言，铭旌与乘车之旗在图饰上并无区别。所不同者，只是铭旗的下端要加书某人之枢的题词而已"。马雍用排除法，将乘车之旌、厥车之旌一一排除，最后只剩下铭旌这惟一的可能了。这种推理，使人无法不信服。

几乎所有的研究文章都肯定这种旌旗画幡的作用是"引魂升天"，而商志醰在《马王堆1号汉墓"非衣"试释》一文中还提出另一作用——招魂。他说："早在战国时期的楚国，就流行着为死者招魂的风俗。《招魂》'秦篝、齐缕，郑绵络些'，指的就是用缕绵之属作成幡物，以招死者之魂。"1978年第4期《文史哲》上刊发了刘敦愿先生《马王堆西汉帛画中的若干神话问题》，也表示同意帛画画幡除"引魂升天"的作用外，有"招魂"的作用。此文引用了《仪礼·士丧礼》和《既夕》的记载，证明我国古代丧礼有以衣"招魂"的习俗。"复者一人，以爵弁服簪裳于衣右，何之，报领于带，升自东荣中屋，北面招以衣，曰：皋某复，三降衣于前，受用箧，升自阼阶以衣尸"（《士丧礼》）。"复者左执领，右执要，招而左"（《既夕》）。

关于"非衣"帛画的总体内容，有的认为应划分三部分：上部代表天上，中部代表人间，下部代表地下（安志敏《长沙新发现的西汉帛画试析》）。孙作云在《长沙马王堆1号汉墓出土画幡考释》中虽也同样将其划分为三部分，但却是"第一层画上天的景象，第二层画死者将要升天，第三层画死者生前宴饮和其他神物"，后又概括为"天上、从人间到天上、人世间"三部分。马雍《论长沙马王堆1号汉墓出土帛画的名称和作用》是将其划分为两个大的单元：一个单元即上端横幅突出的部分，另一个单元即主体三分之一以下两旁未拼小幅帛的部分。第一个单元画的是天上的境界，第二个单元为蛟龙，也就是诸侯的标志。他认为，第二个单元图画除蛟龙以外，还可分上、中、下三段。上段为墓主人的家，这就是死者神明的寄托，并非生前的生活写照；中段并非描绘宴飨，而是设祭的情形；下段是象征"水府"的图形。现在最流行的说法还是天上、人间、地下三部分。因此，下文关于"非衣"帛画内容的叙述，仍然依这样的划分进行。

居于天上部分正中的人首、人身、蛇尾的形象，《长沙马王堆1号汉墓》和《西汉帛画》以及安志敏、刘敦愿等先生的文章都认为是烛龙，即烛阴。所引文献有《楚辞·天问》"日安不到，烛龙何照"？有《山海经·海外北经》和《大荒西经》"有神人面蛇身而赤，直目正乘，其瞑乃晦，其视乃明；不食，不寝，不息，风雨是谒，是烛九阴；是谓烛龙"。安志敏认为人首蛇身的烛龙，到了东汉已为伏羲、女娲所代替，它们在画像石里常见。伏羲、女娲二像手执规矩，蛇身，多互相纠缠。孙作云则迳直说是伏羲。其根据是西汉初年鲁恭王刘余所修鲁灵光殿的壁画就有伏羲女娲交尾图。伏羲、女娲本是夷、夏两部族各自的祖先，伏羲、女娲交尾图是中华民族第一次大融合在艺术上的表现。郭沫若在《桃都·女娲·加陵》一文（载《文物》1973 年第 1 期）中明确地不同意大多数研究文章认为人首蛇尾形象是烛龙的说法，也不同意是伏羲。他说"头上无冠，头发经过整饬的梳理，缠绕在蛇尾上，两手抄在袖中，向左而坐，看来很像一位女子"。画中形象既非"直目"，也非"正乘"（分明是侧坐），何能解为烛龙？烛龙何能处在天上至高正中的地位？"我看毫无疑问地应该解为女娲，《天问》中也说到女娲在天上称帝，虽然采取着怀疑的态度。'登立为帝，孰道尚之；女娲有体，孰制匠之'？""王逸注引传言'女娲人头蛇身，一日七十化'"。"王文考楚《鲁灵光殿赋》中叙述到'伏羲鳞身，女娲蛇躯'……天帝化为夫妇，这是把民间传说同儒家思想杂揉起来了的结果……《楚辞·天问》和马王堆西汉帛画，便只提女娲而不提伏羲。后来女娲与伏羲并提，是对儒家思想让了半步。更后全步退让，女娲作为天帝的存在便完全渺茫了"。

人首蛇尾形象的左方为月，作月牙形。据《长沙马王堆 1号汉墓发掘简报》称："上面绘有蟾蜍、兔，下面有嫦娥奔月的场面。"王伯敏《马王堆 1 号汉墓帛画并无"嫦娥奔月"》（《考古》1979 年第 3 期）明确提出了不同看法。他认为这幅帛画中既说有嫦娥，也说有"奔月"的故事，但是"这幅帛画的'天上部分'，在月下被看作'嫦娥'的那个女子，却是屈膝坐在应龙的翅膀上，既不是'作奔月状'，更不是'正凌云奔来'。只凭月下有女子，就难断定说她是嫦娥。按传说嫦娥奔入月宫之后，变成了蟾蜍。今看帛画，在弯月上都画有嫦娥，倘使正在奔月，怎么在月上又画蟾蜍呢？"帛画中的月下女子，并非嫦娥，我以为画的是墓主灵魂，内容是灵魂升天。汉及以前的著述，都认为升天可以'服应龙'。《淮南子》高诱注'有翼之龙称应龙'，王充《论衡》中提到'龙无翼不能飞'。帛画中的'灵魂'（月下女子）正坐在能飞的应龙翼膀上，这正是与'服应龙'之说相符"。"帛书中灵魂性别与墓主人性别也相一致。这不仅马王堆1号墓帛画如此，就是马王堆3号墓出土的覆盖在内棺上的'T'形帛画也是如此。3号墓主是男性，所以在那幅帛画上的'日、月之间'其所画的灵魂，便是'上身裸露的男子'"。

人首蛇尾形象右方，画着一个大太阳和九个小太阳以及扶桑树。大太阳中有一只黑色的神鸟，多数学者都认为是金乌。其文献根据是《淮南子·精神训》的"日中有踆鸟"，高诱注"踆犹蹲也，谓三足乌"。帛画所画为两足，且为黑色。认为是金乌的文章解释说"至于三足乌，可能是东汉以来的传说"，但也有不少学者持有异议。肖兵在《马王堆〈帛画〉与〈楚辞〉》（《考古》1979年第2期）中就提出：帛画所绘太阳里的黑色神鸟，"样子不像乌鸦，也非三足，这是和日乌不同的另一个日中神鸟。《楚辞·天问》提到日乌时说'羿焉彃日，乌焉解羽'？但在另一个地方又说到了这只太阳神鸟'天式纵横，阳离爰死？大鸟何鸣？一夫焉丧厥体'？"这只神鸟在《尔雅·释鸟》里称"鹨鹦鸹离，怪鸟属也"。《春秋元命苞》说"火离为孔雀"，孔雀是凤凰的原形。凤凰又名鸡趣。《符端图》说"鸡趣，王者有德则见，又名长离"。《文选·大人赋》"前长离而后裔皇"。《史记》作陆离。这凤属神鸟火离、长离、陆离、鹢离，可能就是《天问》中的阳离。阳离是日乌之外的另一太阳神鸟。"洛阳西汉壁画墓星象图中的太阳图像又提供了一个更重要的实物证据：同一太阳里除了神鸟之外，还有另一只飞鸟——那很可能便是'阳离'了"。"近人说三足乌就是太阳中的黑子，'阳离'呢？有人已指出这可能反映日蚀。但也更可能是以艺术形象模拟太阳的烈焰、或太阳爆发，而与'凤凰涅槃'神话有关。所以'阳离'又称为明离、鹢离、火离，它们又都是起于东方的夷人集群崇拜太阳、崇拜鸟图腾的产物"。真是令人茅塞顿开的新说。至于古有"十日并出"的神话，但为什么帛画上却是八个小太阳和一个大太阳？《简报》的解释是"可能另一日为扶桑树所遮掩"，安志敏、孙作云的文章也支持这一看法。而肖兵的文章为了调和十日传说与帛画所绘的矛盾，提出"我国古代确实有九日神话与帛画一致"。刘敦愿的文章说"我很怀疑所描写的是地府或阴间的情景，帛画'天上境界'中却只有'九阳'而非'十日'，我认为这绝不是古代神话中有'十日'和'九阳'的两种说法。如果有的话，上述诸家的说法，绝难得如此一致；也不是画家一时的疏忽而漏了一个太阳。帛画构思周密，描绘细腻，绝不会发生这样的差错，而是有意地只画上九个太阳。问题的关键就在这里。所以如此，就是因为帛画的主题描写的正是'地下的景物'，而不是'天上境界'的缘故。为什么这样说呢？古代传说'逮至尧之时，十日并出，草木燃枯，尧命羿射十日，中其九日，鸟皆死，堕羽翼'（《淮南子·本经训》），因此我们的现实生活中也就只有一个太阳在工作了。至于那九个被'射死'的太阳到哪里去了呢？既然'死了'，当然它们也来到了阴间，为人生的

'长夜'服务"。何介钧、张维明所著《马王堆汉墓》（文物出版社1982年版）也表述了相类似的看法"帛画中所描绘的景象，显然与羿射九日的神话无关。但为什么只有九个太阳而不是十个呢？对这个问题有各种各样的推测。参照三号墓所出'非衣'帛画，天国部分绘着众多的星斗，因此，理应是夜间的情况。古代认为人死了，到了冥间，尤如漫漫长夜。《楚辞·远游》'朝濯发于阳谷兮，夕晞余身于九阳'，《后汉书·仲长统传》说'沉濯当餐，九阳代烛'，都认为有一个太阳白天出来的时候，九个太阳在夜间休息。这里所绘可能是晚间的九个太阳。一个太阳已经站在扶桑树巅，准备去换班，而白天已经值日的一个太阳则尚未归来"。罗琨在《关于马王堆汉墓帛画的商讨》则表述了更为新奇的观点"马王堆帛画太阳下面的八个圆点代表的是星辰……可能是北斗星。我国古代对北斗星是很重视的。《史记·天官书》上说'斗为帝车，运于中央'，从已发现的遗物看也是这样。河南洛阳西汉壁画墓墓顶彩绘有十二幅日月星象图，第一幅是太阳，第二幅就是在云纹上用朱红色绘出北斗星和'五车'星"。"一般表现北斗都是画成七颗连成木勺状的星座，而马王堆帛画上的太阳下的圆点却不成木勺状或斗状，而是八个像太阳般的红点，不形成斗状，可能是由于篇幅的限制。洛阳西汉墓中的北斗星图和'五车'星图，它们的相对位置就是不符合实际的，而且星辰也是和太阳一样用朱红色表现的。至于用八颗星表示北斗，也是古已有之的。根据天文学观测，在北斗七星旁还有一颗小星。而这个小星，早已被人们发现……根据现有材料，山东济宁武梁祠东汉画像石上的北斗星，就是八颗星组成，正是在斗柄第二颗星旁又画了一颗小星"。此文还引述了法国一个山洞的原始人群壁画和新疆哈拉和卓南北朝墓和唐墓所绘星象图壁画所绘北斗星都是八个圆点，来证明用八颗星表示北斗在古代也是常见的。罗琨的观点在当时不被人们重视，甚至认为是异说。马王堆3号墓出土"非衣"画满天星斗伴着太阳，全是一些红色圆点，这一发现对罗琨的观点可能是一个支持。

对天国部分最下面的汉阙形门状物，各家均认为是天门。阙内对坐的两人，《西汉帛画》一书释为守门神，安志敏认为是《楚辞·九歌》里的大司命与少司命。阙上所伏两豹，大多认为是《楚辞·招魂》所说"虎豹九关，啄害下人些"。孙作云认为阙内二人，即《离骚》中所谓的帝阍。这阙即天门，又可称阊阖门。《离骚》曰"吾令帝阍开关兮，倚阊阖而望兮"。

在天国部分日月之下有两条龙，昂首向上，张翼舒爪，作飞腾之状。而在第二部分两侧有两条左右相交的龙，龙身极长，尾部直垂到底。马雍的《论长沙马王堆1号汉墓出土帛画的名称和作用》称前两条龙与日月配合，是古代旗帜上习见的"日、月、升龙"之图。而后两条龙相交，这种图形也是古代旗帜上的一种图徽。《周礼·春官·司常之职》云"交龙为旂"，"诸侯建旂"。

人间部分的下部白色扁平物，上置有鼎、壶等器物，各家均认为象征大地。蹒跚而行的老妇人及跪迎的属吏、随从的侍女，安志敏认为是墓主人生活场面。马雍认为"是死者灵魂的寄托，并非生前的生活写照"。孙作云认为是"画死者将要升天……是从人间到天上的过渡阶段"，并指出不管画幡、壁画、画像墓中死者升天，皆面向左，即向西方。《离骚》讲升天时，也面向西方，"朝发轫于天津兮，夕余至乎西极"，"忽吾行此流沙兮，遵赤水而容与；麾蛟龙使津梁兮，诏西皇使涉予……

路不周以左转兮，指西海以为期"，并认为人间顶部帷幕下怪鸟是鸮。人间下部悬磬之下，不是描写宴饮，而是设祭的情形。摆着虚位无人的食案，案上陈列俎豆，表示以酒食供献给死者的灵魂，也就是王褒诗中所谓"素帐设虚樽"之意。堂下六人分置左右拱立，象征死者家属致敬之意。其左边单立一人，则可能代表设祭时的祝史。庭前所陈大鼎、大壶都是祭器。

托举代表大地的白色板状物的裸体巨人，安志敏认为是象征"载地的神祇"，推论比较慎重。马雍认为是鲧。《礼记·祭法》"夏后氏亦禘黄帝而郊鲧"，"鲧既治水而牺牲，其神又入于羽渊，则鲧似当是水府之神"。由于认为帛画下部是海洋，因此肖兵认为"帛画海洋部分实在不涉及大鲧治水……《帛画》托地巨人实在更像海神禺疆"。《山海经·海外北经》郭璞注云"北方禺疆，黑身手足，乘两龙"，都与《帛画》巨人的形象基本一致。《列子·汤问篇》说"渤海之东有大壑，中有五座仙山，五山之根无所连著，往返不得暂峙焉……（天帝）乃命禺疆使巨鳌十五举首而载之"。《山海经·大荒北经》曰"北极之神名禺疆，灵龟为之使"。肖兵说禺疆旁已绘有两只巨龟。孙作云却另有说法，认为这托地的力士就是当时的奴隶。

力士脚下所踏两鱼，《西汉帛画》谓其为鳖。安志敏却疑为《山海经·大荒西经》所谓"鱼妇"，"有鱼扁枯，名曰鱼妇。颛顼死即复苏，风道北来，天乃大水泉，蛇乃化为鱼，颛顼死而复苏"。整个帛画下部，《西汉帛画》说是"地下"，马雍说是"水府"，肖兵认为是海洋，但各家都认为这一部分的画面与《楚辞》"鸱龟曳衔"的故事有关。马雍指出画中所见左右两只大龟，背上各蹲一鸱鸟，应是鸱、龟无疑。龟口中衔着一枝芝草似的植物，枝茎垂曳，正与《天问》所云"曳衔"相符。除了水府之神（马雍视为眩）及其他有关的鸥龟，其余都是水府之怪。水府代表幽灵。古人以"黄泉"、"九泉"称阴间，相信大地之下是一个深渊，人死后葬在地下，就是归于水府。肖兵认为右方的一只龟用前爪抬着象征大地的石板，这就是"曳"，而嘴咬彩云则似乎就是"衔"。

另一幅引起学术界重视的帛画是3号墓棺室西壁张挂的那幅帛画。《长沙马王堆2、3号汉墓发掘报告》认为它画的是车马仪仗的场面。何介钧、张维明著《马王堆汉墓》称其为《车马仪仗图》或《仪仗图》，根据是全幅的中心部位是一个土筑的有五层台阶的高台，应是古代检阅或举行祭祀活动的"坛"。图上的墓主人及其侍从正在徐徐登临高坛，而方阵、车队、骑从、鸣金击鼓的乐队场面都表现出所绘是一次盛大的仪式，联系到墓主人生前应是驻守长沙国南境的重要将领，画面又基本上是武卒、车骑、随从，因而所表现的可能是墓主人生前举行盛大检阅仪式的车马仪仗。

金维诺先生撰写的《谈长沙马王堆3号汉墓帛画》（《文物》1974年第11期）提出3号墓棺室西壁帛画为《耕祠图》的新观点。此文说："3号墓棺室西壁帛画，表现的是'耕祠'之类的活动。这幅画虽有车马、仪仗，但不是一般的在东汉壁画中所常见到的《出行图》。它画的不是正在出行的行列。鼓乐、骑从、属车都由不同方位，面向墓主人；在列队随墓主前来的士卒的前面，有正燃烧着的黄色火焰，其上并有'牲'（祭祀用的牛羊）。这是燔柴主祭的场面。"据《后汉书》记载："行祠天郊以法驾……诸侯王法驾，官属傅相以下，皆备卤簿，似京都官骑，张弓带鞬，遮迤出入称促；列侯、家丞、庶子导从。若会耕祠，主县假给辟车、鲜明卒，备其威仪。导从事毕，皆罢所假。"

陈松长在《马王堆汉墓〈车马仪仗图〉帛画试说》中认为金维诺先生文章中所讲"在列队随墓主人前来的士卒的前面，有正在燃烧着的黄色火焰，其上并有'牲'（祭礼用的牛羊）。这是燔柴主祭的场面"是不确定的。所谓"黄色火焰"，实际上是帛画残损较大之处，只是这一块在整幅帛中偏黄而已。而且无论从什么角度看，都看不出有供祭祀用的牛羊和燃烧的火焰。《后汉书》中有关"耕祠"的那段记载，主要是讲天子行郊祀礼的仪礼规定。3号墓主既非天子，又非列侯，即使由他举行"耕祠"，也不可能照搬天子行郊祀礼的排场。陈松长的文章虽然同意将这幅帛画称作《车马仪仗图》，但不同意似是表现墓主人登临高坛检阅出征队伍或出行的盛大场面的观点。他认为，凡出征，都得旌旗猎猎，全副武装，而帛画中既看不到飘扬的旌旗，车阵队伍中亦无一人擐甲带兵，就连那些手持戈戟的随从，也无一人身着兵甲，而都是身著长袍便服。因此，"出行"说比较可取。但它并不是一般的东汉壁画中所见到的出行图，而是墓主人安然离开人世步向天堂的出殡图。帛画上的车马，正如楚墓遣策（天星观1号墓、曾侯乙墓）和《周礼》《仪礼》所记载的一样，乃是助丧送葬用的，是为了显示死者的爵位、尊荣和威势。击鼓奏乐，其作用也就如《周礼·夏官·太仆》所言是为了传闻于天地四方，以告慰死者的灵魂。既然仪仗是为送葬而设，为什么帛画中没有灵柩，而只有墓主人形象。这可以从两个方面来说明：第一，绘画是艺术创作，完全可以采用诸如借代、象征等各种手法来创作构思；第二，此墓T形帛画墓主人头戴冠，身穿红袍，腰佩长剑，袖手缓行，身后一人手撑"仙盖"，表现出升天登仙之意，而棺室西壁这幅帛画，他的身后亦有一人高擎着升天登仙的"仙盖"，因此墓主人无疑是送葬的对象。刘晓路的《论帛画俑：马王堆3号墓东西壁帛画的性质和主题》（《考古》1995年第10期）是晚出的关于两壁帛画的研究文章。他提出了"帛画俑"这一新的名称："从造型艺术的角度看，俑一般是三维立体造型，属于雕塑范畴。但是，有没有属于二维平面造型——绘画范畴的俑呢？从理论上说，应是可能有的，因为俑的概念只受其性质的限定，而不受到制作材料和表现形式的限制。马王堆3号墓东西壁帛画上的人物，就是这种画在帛上的俑，即帛画俑。"具体地说西壁帛画名为《车马仪仗图》，但不是描绘现实的车马仪仗，而是"通过模拟长沙军队实态的兵马俑，来保护长沙国社稷和轪侯陵寝"，"简牍上这些侍从和车骑，大都见于棺室东西壁帛画，没有具体的实物，简牍和帛画存在对应的关系"。

# 七 古尸保存原因和研究

　　1号墓女尸从保存程度之完好和经历年代之悠久，确实是防腐学上的一个奇迹。

　　古尸得以保存完好的原因，湖南医学院（现名湘雅医科大学）当年主持解剖研究的教授和专家们认为[1]"在探讨尸体保存的外界条件时，还必须分析从死亡到入土以及从入土到出土的全过程"，并给这个过程分为第一阶段（即死后至入土前）、第二阶段（埋葬后到出土前）分别论述其保存条件。第一阶段的保存条件，该书根据我国古代有关丧葬制度的记载（如《仪礼》《礼记》等）来加以研究，并分析当时对这具古尸可能采取的防腐措施，包括香汤沐浴、穿戴包裹、降温措施和及时入殓封棺等。《周礼·小宗伯·鬯人》提到用鬯酒来浴尸。《仪礼·士丧礼》中也说浴尸用"煮鬯"，就是用郁金香草酿黍成酒，或用郁金香煮汤再配以黑黍酿的酒。用它们给尸体沐浴，不仅可去秽使尸体"香美"，可能还有一定的消毒作用。如果在入殓时喷洒鬯酒，则更利于封棺后加速棺内的氧耗和建立缺氧条件。沐浴后就要进行穿戴，把头部包裹，并在面部覆盖面罩，身上盖尸衾，在"袭"和"殓"时再穿上许多层的衣服，用尸衾严密裹扎。1号汉墓古尸出土时，脸部即覆盖着面罩，身上除贴身衣外，还包裹着各式丝织衣服、衾被及丝麻织物共二十层，从头至脚严密包裹，然后又用九道丝带捆扎。这种死后的穿戴和严密包裹在当时能防止昆虫侵袭，有助于隔离

空气，对阻止尸体的早期腐败过程应有一定作用。这具古尸在
停尸期间是否采取了寒尸降温措施，现无据可考，但想来作为
轪侯的妻子、长沙国丞相的夫人，死后采取某些降温措施以
"寒尸"是有可能的。当时的寒尸措施，据《礼记·丧大记》
《仪礼·士丧礼》《周礼·凌人》记载，常采用的是用盘盛冰置于
尸的床下，无冰则改盛凉水以寒尸。这种降温寒尸的措施，对
延缓尸体腐败有重要作用。根据《礼记·王制》中"天子七日
而殡，七月而葬；诸侯五日而殡，五月而葬"的记载，1号墓
墓主死后停尸时间不会很久，大、小殓应在死后五天之内，而
第五天就应将棺封起来停放，然后择吉埋葬。入土下葬不会是
短期的事，当然不排除尽早埋葬的可能。如果葬得迟，则把尸
体封存在密闭性能很好的棺具里，是入土前保存尸体的一个重
要措施。马王堆1号汉墓所用的棺具有很高的质量，用上等的
梓属木材制成，棺壁和顶、底均系整板，髹漆后在盖口处还用
胶漆封固，使之浑然一体，好似整木剜成。其外又有内外两面
髹漆的三层套棺，密闭性能极好。在这样的棺具内能保存尸体
的原因推测是当尸体入殓封棺之后就处于密闭的条件下，由于
棺内空间为包裹着的尸体和殓装塞满，棺内留的空气很少，尸
体初期的腐败过程和棺内物质的氧化过程很快就耗尽了棺内的
氧气，形成了缺氧环境，尸体的初期腐败过程就可能延缓并最
终停止下来。在密闭的棺具内能达到缺氧和接近无氧的佐证是
古尸组织中尚保存有较多的长链不饱和脂肪酸，棺液中不饱和
的亚油酸的量也保存较多，而古尸皮肤上的尸腊状物（也是不
饱和脂肪酸居多）的形成，可以推论棺内确实形成了缺氧状
况。当棺内形成缺氧条件后，腐败菌中的需氧菌不宜生存，而
逐渐死亡，厌氧菌则可以生长繁殖，但由于尸体的蛋白质、脂

肪以及殓装的丝蛋白的不断分解而产生许多有机酸，使棺内变为酸性，那些厌氧菌以后也不适于生存而最终死亡了，尸体的腐败过程终于停止。

第二阶段的保存条件中最基本的是深埋于地下的密闭墓室和密闭的棺具相结合。这使入土前保存在棺内的尸体在入土后得以继续保存下去。

曲永新、赵希涛、汪集旸等先生认为[2]：该墓地质地貌条件的优越、墓葬的深埋、木炭和白膏泥做成密封的墓室、分层夯实的层层填土等是古尸得以保存的地质方面的重要原因。据该文分析，马王堆是浏阳河下游冲积平原中的一个椭圆形台地，高出平均水位近 15 米。该台地由网纹红土和沙砾层组成。墓壁为中更新世的网纹红土，透水性很差。网纹红土之下，为橘黄色的细沙层，沙层之下为沙砾层，砾石磨圆良好，粒径一般小于 5 厘米，本应是良好的含水层，因其上覆地层为不透水的网纹红土和具有一定隔水能力的细沙层，因此该层的地下水具有承压性质。在这样的情况下，大气降水要渗入深达 16—20 米的墓室是十分困难的。其理由如下：1）承受大气降水的面积小，封土堆顶部直径 20 米，底径也只有 50—60 米。2）地表径流排泄条件好，土冢坡度达 30—40°。尽管长沙地区降水充沛，但大部分降水将形成地表径流迅速排走，渗进土中的少量降水也只能湿润表层。3）无洪水及上游地表径流的威胁，因为土冢高出浏阳河平均水位近 15 米。4）墓葬填土透水性差。温度是控制微生物活动的重要因素之一。依据长沙地区气象、地温和地下水温的观测资料，并在开挖深井时进行地温观测，1 号汉墓墓室因深达 16—20 米，其地温状况与地面或浅部土层不同。长沙地区 3.2 米深度范围内的地温夏季随深度增加而降低，冬季则随深度增加而升高。随深度的增加地温季节变幅逐渐减小：地面月平均年变化幅度在 30℃ 左右，深 0.8 米处年变幅减少到 18℃ 左右，深 3.2 米处年变幅为 7℃ 左右。1 号墓墓室深处的地温变化将比 3.2 米深处变化区间 15.3—23.8℃ 为小。又因 1 号汉墓墓室接近地下水面，故其温度状况又受到地下水温的影响。据长沙地区地下水温观测资料，地下水温的平均变化幅度在 13.6—19.3℃ 之间，因此 1 号汉墓墓室所处的地温应在 15—20℃ 之间。这与 1972 年 1 号墓发掘过程中所测得的椁内温度 18℃ 相吻合。这种基本恒温的状况，也有利于防止和延续尸体和随葬品的腐烂。当然，对墓葬保存起决定作用的乃是白膏泥做成的密封墓室。其矿物成分以水云母为主，尚含有多水高岭石、高岭石和含水的氧化铁矿物。水云母属于亲水性中等的粘土矿物。从偏光显微镜下观察，白膏泥为粉沙泥质结构，基底式胶结，颗粒是紧密排列状态，具有较好的防渗能力，能有效地防止地面水和地下水的渗入，隔断墓室内外水的联系和气体交换，形成一个密闭空间，造成长期缺氧环境。

由于密闭，引起了墓内环境的变化。第一步是缺氧。封墓之初，墓室内的空气、温度、湿度等条件是可以让腐败菌生长繁殖的。以后，墓室中的氧气就逐渐为随葬品中大量有机物（特别是那些禽、兽、鱼、肉、蛋类易腐烂的食物）的腐败过程和一些物质的氧化过程所消耗。又因内棺是密闭的，所以这种氧的逐渐消耗过程是在墓室内棺外空间（即椁室）中进行的。氧耗逐渐导致墓室内的缺氧。而缺氧条件形成后，需氧菌就受到抑制。第二步是产生可燃性气体。当墓室内具备了缺氧条件时，在 18℃ 左右的相对恒温和一定温度的条件下，厌氧菌就开始繁殖起来，椁室中存放的各类物质，特别是食物、植物种子、中草药材等在甲烷菌的作用下就产生了可燃性气体，主要是沼气。当1号墓的白膏泥层被捅开之初，曾经有气体喷出，燃烧试验时呈蓝色无烟火焰，证明墓室中积聚了大量可燃性气体。第三步是腐败延缓或趋向停止。当可燃性气体在密闭的墓室中不断积聚和残存氧的不断消耗，使墓室内接近于无氧。在这种条件下，需氧菌死亡，厌氧菌的生存在经过一段时间后亦可由于本身代谢产生的积聚而不能继续繁殖或逐渐灭亡，有机物的腐败过程和随葬品的坏损过程就大大延缓下来或趋向停止。墓室内环境的这种变化，对于保存棺木不腐和长期保存尸体来说，无疑都是一个十分重要的条件。

在清理椁室随葬品时，发现了三头钩纹皮蠹幼虫和两头米象成虫的完整尸体。这些昆虫也是在两千一百年前当它们还活着的时候伴随着食物、丝织品和大麦种子等葬进了马王堆1号汉墓的。在封墓后的早期，墓室中空气、湿度、温度和养料等条件可以维持这些昆虫生活的需要。以后墓室中氧气不断消耗导致这些昆虫窒息而死。这些昆虫的尸体能够完整的被保存下来而没有完全烂掉，也可以说明在密闭墓室中形成了缺氧条件后腐败过程是大大延缓乃至趋向停止了。

除了深埋、密闭的基本原因之外，棺液（重约80公斤）对于保存尸体的作用也是可以肯定的。棺液呈茶褐色，化验为酸性，PH5.18，比重为1.032，含有乙醇即酒精0.11%，乙酸即醋酸1.03%以及其他一些低分子有机酸、沉淀物及浮悬物中含有的硫化汞（朱砂）。棺液分析和微生物学试验表明：棺液中所含的有机酸是棺液具有微弱抑菌杀菌作用的重要因素，而对蛋白水解酶则有较强的抑制作用。棺液的微生物分离培养试验未见细菌和真菌生长。尸体胸腹腔中抽出液的微生物分离培养也是阴性的。棺液的这些作用，对于阻抑尸体的自溶、腐败过程应是一种有利因素。但棺液无助于抑制尸体的早期自溶，腐败，而当棺液逐渐积聚到能够浸湿尸体的，对于后来长期保存尸体当有其一定的作用。这种作用只能在密闭的墓室和密闭的棺具这一基本条件下才能长期起作用。

那么棺液是不是如有些人推论的那样是封棺前就已注入的液态防腐剂呢？专家们对棺液的来源进行了深入探讨。马王堆1号墓各层葬具之间只有椁箱和内棺贮有液体，而在中间的几层棺中都没有贮存液体。从颜色上看，棺液呈棕黄色，而椁液基本无色透明。从无机分析的结果来看，棺液有较多的汞、硫，和椁液有显著区别。椁液和墓坑水比较近似，可以解释椁液的来源是因发掘时下雨，水从墓坑渗入。对棺液的来源问题，主要有两种看法：第一种认为棺液是一种液态防腐剂，在封棺之前就已注入棺内。马王堆白膏泥构筑的墓室和密闭的棺具无法为水渗透。如果不是在封棺之前就注入了防腐溶液，难以解释为什么只有内棺贮有液体而外面几层套棺中并无液体。第二种认为棺液是在埋藏后由于墓室中湿度大，气相水分子——水蒸气慢慢渗入棺内凝结而成，经千百年长时间才积聚到80升容量。作为第二种看法的补充是在封棺前可能在棺内喷洒了一些酒或药酒。这样更能说明棺液分析中测得的乙醇和乙酸。

棺液不是一种液态防腐剂。棺液中的硫化汞，应是朱漆膜和尸体所穿涂染红色颜料的主要成分朱砂，还不能排除当时的贵族作为"富贵"的象征而在棺液内置入朱砂的可能。棺液中有种类很多且含量丰富的氨基酸，还有乙醇、乙酸。除乙醇可能转化为乙酸外，丙酮酸、脂肪酸、甘氨酸都可以转化为乙酸。丙酮酸、脂肪酸可以来自尸体组织。甘氨酸是蚕丝蛋白中占比例最大的一种氨基酸，也是棺液中含量最多的氨基酸之一，主要来自尸体身上穿的大量丝织殓衣中的丝蛋白分解。至于棺液中的乙醇可能从尸体身上穿的裹的那些丝织物中所含的淀粉酵解而来，而且碳水化合物的发酵也可以在缺氧条件下进行。此外，不能排除棺液中的乙醇还有一部分可能来自尸体内的乳酸。棺液既然不是一种有意放入的液态的防腐剂，那么棺液的水分从何而来？专家们认为是从尸体内部所含水分释放出来。人体在组织的自溶、腐败过程中由于蛋白质、脂肪的分解和体液外渗必然会释放出一部分水，即所谓尸解水。墓室内潮湿的水蒸气（气相水分子）经棺壁进入棺内，也不断地凝结成"尸解水"。经千百年长期积聚，才达到现在的总量。这里就发生一个令缺乏专业知识的人十分不解的问题：水蒸气为什么能越过外面几层套棺而"飞入"内棺呢？《长沙马王堆1号汉墓古尸研究》一书是这样解释的：当"尸解水"在棺内开始产生时，是一种含有多种溶质且浓度比较高的溶液，相同于潮解过程中开始形成的溶液一样。如果棺外空间中的水蒸气能透过棺壁使棺内空间保持较高的湿度时，其水蒸气压总是小于空气和棺外空间（墓室）中的水蒸气的分压，故气相水分子总是从棺外进入棺内比从棺内到棺外的多，从而使棺液的量不断增加。在棺液的量不断增长过程中，棺内各种有机、无机溶质还可能继续溶解进去。因此，只要棺外水蒸气能不断进入，则棺内水蒸气凝结成棺液就可长期继续。

**注 释**

[1]《长沙马王堆 1 号汉墓古尸研究》

[2]《长沙马王堆 1 号汉墓保存的地质条件》,《地质科学》1976 年第 1 期。

八　马王堆汉墓在考古学上
的意义

从考古学的角度看来，马王堆汉墓发掘的重要意义在于它不仅是第一次发现绝对年代明确、墓主见于史书记载的西汉初期大墓，而且至今仍是西汉初期和列侯级汉墓中墓主最明确、在长沙地区现已发掘的所有汉墓中惟一墓主见于史书记载的大墓。能够发现绝对年代如此明确、保存状况如此完好的重要墓葬，对于深入探讨当时丧葬制度就有了可靠的依据。

首先是对棺椁制度的研究。马王堆汉墓发掘之前，在考古论述中对于如何区分棺与椁存在一定的混乱。例如，信阳长台关1号墓和2号墓都是四层套棺，但最初的报道把外面两层棺当作了内椁。在《马王堆1号汉墓发掘简报》中也误将棺椁判断为三棺三椁。夏鼐先生用"史为"的笔名在《考古》1973年第6期上发表了《长沙马王堆1号汉墓的棺椁制度》，根据马王堆1号汉墓和有关文献记载进行辨析，认为椁室是用厚木材在墓坑中搭成的，内棺和外棺则是预先做成的"有盖的木盒子"，可以整体移迁，盛放尸体后套合起来葬入墓中。马王堆1号汉墓应为四层套棺和一个椁室。四层套棺均内外髹漆，而椁室的所有材料则不加饰，彼此区分得非常明确。《简报》中所谓第三层椁实为外棺，所谓第一、二层椁实为一个完整的椁室的内、外壁，相互榫接组成东、西、南、北四个边箱和当中用以置放套棺的棺室，形式似井，所以先秦文献中称为"井椁"。从考古发掘的实际出发，划分清楚棺椁之间的界限，避免继续在礼仪书记载的个别文字上兜圈子，使棺椁制度的探讨前进一步，夏鼐先生在关于马王堆 1 号汉墓棺椁制度的文章中论及棺的重数时，提到了《礼记·檀弓上》"天子之棺四重"，郑注"诸公三重，诸侯二重，大夫一重，士不重"，认为郑注应改为"天子四重，诸侯三重，大夫一重，士不重"，换言之便是五层、四层、二层、一层，这里面没有提到诸公一级。1982 年，俞伟超先生写了《马王堆 1 号汉墓棺制的推定》（《湖南考古辑刊》第 1 集，后收入《先秦两汉考古学论集》，文物出版社 1985 年版）。他认为"马王堆 1 号汉墓四层套棺，承自旧制。《礼记》中有关于先秦棺制的记述，是解开这组套棺使用制度之谜的钥匙。当然，也正是因为有了这组套棺，才开始真正理解这些记述……使用四层套棺的马王堆 1 号汉墓墓主是列侯夫人，使用五层套棺的大葆台 M1 和定县八角郎 M40 的墓主是诸侯王。当时，夫妇同制，故知西汉的列侯曾用《礼记》中的诸公之制，诸侯王则往往用天子之制……诸侯僭用天子之制，早在两周之际已经发生，所以西汉诸侯王用过去的天子之制，列侯用战国时代列国的封君贵族或列卿之制是很自然的。这样棺制上等级制度的连续性，正表现了汉制同周制的继承性……但汉初的诸侯王或列侯之墓，却或用三层套棺，有的甚至可能是两层套棺。例如，马王堆 2 号汉墓这座轪侯利苍之墓，使用的就是二或三层套棺（注：最后确认为二层套棺）；长沙象鼻山的长沙恭王吴右或靖王吴著墓以及陡壁山的靖王后曹㜭墓就都用三层套棺。西汉的诸侯王和列侯使用三至五层套棺的不整齐情况，反映出周制中的用棺制度，在汉制中毕竟正在发生变化"。

其次是对于用鼎制度的研究。马王堆 1 号汉墓遣策在食品分类简文中记有酐羹九鼎一套、白羹七鼎一套、绛羹三鼎一套、中羹三鼎一套、苦羹二鼎一套。漆器类简文记有"髹画木鼎七，皆有盖盛羹"，另有"瓦器三贵钖（埮）其六鼎盛羹"。遣策所记各种羹二十四鼎，如加上漆、陶鼎，则为三十七鼎。盛各种羹的鼎未说明什么质地，而已知漆、陶质地的鼎又未说明盛何种羹。而实际随葬的仅见漆鼎七件、陶鼎六件，与遣策所记数量、质地相符。3号墓遣策记有酐羹九鼎、白羹九鼎、中羹四鼎、绛羹三鼎、苦羹二鼎，另有"鹿焦（？）一鼎"、"兔羹一鼎"、"强鲜鲭一鼎"，共计三十鼎，小结木牍记为"右方羹凡卅物物一鼎"，而在漆器类简文部分记有"漆画木鼎六皆有盖"，同样只记质地，不记其盛何羹。这样遣策共记三十六鼎，而实际随葬仅有漆鼎六件。除漆鼎外，相配成套的盛羹三十鼎，与1号墓同样不见实物。

俞伟超先生《马王堆1号汉墓用鼎制度考》（原为1972年4月在马王堆汉墓座谈会上的发言，载《文物》1972年第9期；后收入《马王堆汉墓研究》时曾略作修改，编者加了这个标题）认为"马王堆1号汉墓中遣策上所记随葬物品同实际的出土物有些出入，但要研究当时规定的葬制，当以遣策为主要依据。就以用鼎制度来说，遣策所记的鼎数，应当比实际随葬的漆（陶）鼎更符合当时的列侯之制"。他认为1号墓遣策记载的酐羹九鼎牛、羊、豕俱全，当是大牢九鼎；白羹七鼎以牛羹为首，当是大牢七鼎。七漆鼎所盛何物不详，数既为七，亦当是大牢七鼎。这样，如加上漆鼎为九、七三牢，如不计漆鼎为九、七二牢。进一步说"《聘礼》是诸侯相问之礼，往往礼加一等，所以东周时期用九、七二牢是诸侯之礼"，并且还有陪鼎。他列举了新郑郑伯墓、寿县蔡昭侯墓、易县燕下都九女塚 16 号墓、辉县琉璃阁 60 号墓等实例加以证明。其结论是"这种用鼎制度，溯其上源，在西周即已出现，一直沿袭到战国末年，例如寿县朱家集李三孤堆楚幽王墓还使用着这种鼎制。但最迟到战国末年，秦国已大大破坏了两周的鼎制。到汉初，这种鼎制是否继续存在，本来是不清楚的。现在发掘了此墓，知道直到此时，在长沙地区，它还是相当完整地继承着原来规格"。

郑曙斌在《湖南省博物馆文集》第四辑（《船山学刊》增刊，1998 年）撰文《试论马王堆汉墓丧葬用鼎》，对俞伟超先生的观点提出了不同意见。他认为"处于西汉初期的马王堆汉墓，遣策记载有成套的盛羹鼎，未写明质地，不知是青铜鼎还是仿铜陶鼎或漆鼎。这种杂取各鼎、相配成套的羹鼎却不见其有随葬实物，应是大遣奠时的实用礼器，只用于祭祀不用于随葬。否则墓中所见不仅是漆、陶鼎十三件或漆鼎六件，而应该是三十七鼎或三十六鼎之多"。"如果说遣策所记载的羹鼎反映了汉初丧葬大遣奠用鼎礼制，那么遣策记载的漆、陶鼎与随葬漆、陶鼎名实相符，反映的则应是汉初丧葬明器制度……遣策记载的成套羹鼎，作为遣送死者的最后一次祭奠之礼器被详细记录于遣策中，它与周制遣奠时上大夫（卿）用正鼎九鼎之制基本一致。遣策所反映的是汉初的葬制，与周制有着渊源关系。从羹鼎所用牲体、和羹之菜和用鼎制度的规定性来看，汉初葬制既循周制又有汉制不同周制的变更。随葬漆、陶鼎则是作为遣送死者的入场明器而记录于遣策中，它反映的应是汉初丧葬的明器制度。从古代文献资料中我们无法知道汉代丧葬用鼎礼制的详情细节，而马王堆汉墓遣策却为我们提供了了解汉初丧葬遣奠礼器和明器的不可多得的资料"。郑曙斌的文章将祭奠礼器和丧葬明器分开，从全新的视角对马王堆汉墓用鼎制度进行考察，具有明显的启示作用。

再次是对衣衾制度的研究。王世民在《马王堆汉墓在考古学上的意义》中提到：考察古代丧葬中衣衾和装殓的制度，比棺椁制度更加困难。这是因为年代久远的衣衾一类物品不大容易完整地保存下来，无法证实礼书中那些描述是否可靠。过去所知有关考古资料，主要限于较晚的明清时期。对于年代久远的西汉初期进行考察，则是从马王堆1号汉墓开始的。当时，由于墓葬本身保存情况的限制，虽然未能将尸体包裹中的衣衾完整地揭取下来，终归第一次了解和记录了汉代装殓高级贵族的大概情形，使大家对礼书关于这方面记载的可靠程度有了新的认识，这是田野考古工作中值得称道的重要成绩。与此同时和晚些时候，又接连发现一些新的资料。例如，武威磨嘴子48号西汉晚期墓、江陵凤凰山167号西汉早期墓、江陵马山1号战国晚期墓都与马王堆汉墓一样，用多层丝织衣衾包裹尸体，最后捆扎几道丝帛。现在对装殓中的若干细节，如"幎目"的形制、"设握"与"屦綦结跗"的方法、"凡衣死者左衽"以及其他具体问题都已认识得越来越清楚了。由于马王堆1号和3号汉墓分别发现完整的T形彩绘帛画，引起对铭旌及其书铭问题的讨论，也是很有意义的。总之，可以这样说，马王堆汉墓促使大家重新重视古代墓葬中的礼制问题，而这对于提高古代墓葬的研究水平有着不容忽视的积极作用。

从考古学的角度，对马王堆汉墓所包含的文化因素进行分析，有助于对汉初长沙地区墓葬特点的深入认识。

马王堆汉墓所在的长沙，从春秋战国之交开始就是南楚重镇。公元前278年白起拔郢，楚都东迁，楚国大片土地被秦占领，但长沙一直是楚国稳固的后方，直至公元前 221 年秦统一中国。从公元前 221 年到公元前 206 年刘邦建立汉朝，秦的势力在长沙仅十多年，因此在汉初仍保留大量楚文化的因素是很自然的事。马王堆汉墓就令人感受到浓厚的楚文化的气息。高至喜先生在《马王堆汉墓的楚文化因素分析》（载《湖南省博物馆文集》，岳麓书社 1991 年版）中就墓葬形制、棺椁制度、随葬器物组合、出土服饰、乐器、货币等多方面对这一论题进行了论证。其中特别提到以下数点：一、马王堆 2、3 号汉墓斜坡墓道两旁均有两个"偶人"跪坐，头扦鹿角。偶人的设置应是用以镇墓避邪，保护死者。这正是由江陵、长沙、临澧、信阳等地楚墓中常见的那种"镇墓兽"发展演变而来。战国早中期的镇墓兽形象较为复杂，头部似兽，头扦鹿角，双目圆大，口吐长舌，有的两爪持蛇作吞食状，双尾外卷。到战国晚期的镇墓兽渐趋简化，趋向拟人化。到汉初已演变为"偶人"，但头上鹿角仍然保存，不同的是放置地点已从墓室边箱移至墓道两旁，作用仍然相同。二、随葬器物组合为鼎、盒、钫、薰炉、盘、匜、勺，在湖南地区的战国晚期楚墓中也正是以这些器物为最常见，如 1954 年长沙杨家湾 6 号战国晚期墓中的器物组合与此相同。三、马王堆 2、3 号汉墓中各出土一面铜镜，为三弦小钮，身薄，面平，边窄，以云雷纹为地，以蟠螭龙纹为主纹。这些均是楚镜的特点。四、马王堆 1 号墓中出土"郢称"泥金版三百余块（图五〇），竹简中记载为"土金二千斤笥"。2 号墓出土泥金饼甚多。这些都是黄金货币的明器。"郢"原是楚国的都城，"郢称"金版和金饼本是楚国的主要货币。马王堆汉墓中所出"郢称"泥金版和泥金饼证明长沙地区在汉初仍然使用着楚国的黄金货币。五、马王堆 1、3 号汉

图五〇　泥"郢称"

墓中的 T 形帛画是为死者引魂升天的铭旌。这种礼俗应来源
于楚国，如 1973 年长沙子弹库 1 号战国楚墓的椁盖板和外棺
的隔板间也平放着一幅人物御龙帛画，还有长沙陈家大山出土
的战国人物龙凤帛画、江陵马山 1 号楚墓棺盖板上的小帛画都
是为死者引魂升天的"铭旌"。因此，此文结论是"在西汉早
期长沙地区是保存楚文化最多的地区之一，马王堆汉墓中的楚
文化因素占主导地位。其原因可能是（一）秦占领长沙的时间
很短（仅十五年左右），而原有的楚文化根深蒂固；（二）汉王
和长沙国在西汉初期的统治者大多是楚地人，他们的传统习俗
难改；（三）楚文化有很高的水平，具有强大的生命力"。

　　但是，郭德维先生在《试论马王堆汉墓中的秦文化因素》
（载《马王堆汉墓研究文集》）中却提出：马王堆汉墓中确实有
楚文化因素，但不宜夸大，马王堆汉墓中有更多秦文化因素，
更不容忽视。此文从马王堆墓道底作阶梯形，木椁四周填木
炭，墓的头向一改大型楚墓大多朝东的传统而变为朝北等现
象，认为墓葬形制更接近于秦墓（文中所举秦墓的典型为凤翔

秦公大墓）。该文还列举了马王堆汉墓随葬器物与秦地器物器种、形态式样、组合的相似处，认为战国晚期在长沙等地出现的礼器中的鼎、盒、壶组合不一定是楚国的主要组合形态。因它在战国中期秦墓中已出现，战国晚期在原来的楚地出现，如果不是出自秦人的墓，至少也应视为是受秦的影响所致。而且，楚的鼎、盒、壶与秦的鼎、盒、壶在器形上有较大差别，特别是鼎与壶。而陶制生活用器，马王堆汉墓中有秦最常见的釜、甑、瓮、罐等。马王堆汉墓的漆器图案有一类几何花纹和楚器同类图案是近似的，如几何云纹、菱形纹、方连变体花纹、鸟头纹等，而另一类如云气纹、卷云纹、云兽纹、云凤纹则是更直接仿自秦器。许多生动的动物写实图案，如食盘内的猫和鱼纹，在楚器中是难以见到的。他最后的结论是"马王堆汉墓是秦文化因素的继续，汉文化尽管也吸收了楚文化因素，却主要是在秦文化因素基础上发展起来的"。

对于马王堆汉墓中文化因素的分析，是一个比较复杂的问题，因为牵涉到一些文化因素本身民族属性的变化和认定。身处原来的楚地，保存较多楚文化的风格是很自然的，而时代正承秦之后，特别是秦统一中国，大量吸收融合了东方六国的许多文化特色。因此，汉初长沙地区墓葬中表现出来的一些现象到底是直接承袭战国时期楚的传统，还是中间经过秦统一期间的兼容并蓄而形成的统一文化的一部分，确实难以甄别。因此，仁者见仁，智者见智，不易取得一致的意见。应该看到，这种研究对深入探讨汉初长沙地区墓葬制度确实能起到一定的推动作用。

# 参 考 文 献

湖南省博物馆《长沙马王堆 1 号汉墓发掘简报》，文物出版社 1972 年版。

湖南省博物馆、中国科学院考古研究所《长沙马王堆 1 号汉墓》，文物出版社 1974 年版。

《座谈长沙马王堆 1 号汉墓》，《文物》1972 年第 9 期。

《关于长沙马王堆汉墓的座谈纪要》，《考古》1972 年第 5 期。

湖南省博物馆、中国科学院考古研究所《长沙马王堆 2、3 号汉墓发掘简报》，《文物》1974 年第 7 期。

何介钧、张维明《马王堆汉墓》，文物出版社 1982 年版。

《西汉帛画》，文物出版社 1972 年版。

马王堆汉墓帛书整理小组《马王堆汉墓帛书（壹）》中的《老子》甲本及卷后古佚书和《老子》乙本及卷前古佚书，文物出版社 1980 年版。

马王堆汉墓帛书整理小组《马王堆汉墓帛书（叁）》中的《春秋事语》《战国纵横家书》，文物出版社 1983 年版。马王堆汉墓帛书整理小组《马王堆汉墓帛书（肆）》中全部帛医书十种和竹木简医书四种，文物出版社 1985 年版。

马王堆汉墓帛书整理小组《古地图》，文物出版社 1977 年版。

马王堆汉墓帛书整理小组《导引图》，文物出版社 1979 年版。

傅举有、陈松长《马王堆汉墓文物》，湖南出版社 1992 年版。

邓球柏《帛书周易校释》，湖南人民出版社 1987 年版。

李学勤《周易经传朔源》，长春出版社 1992 年版。

韩仲民《帛易说略》，北京师范大学出版社 1992 年版。

张立文《帛书周易注释》，中州古籍出版社 1992 年版。

陈鼓应《易传与道家思想》，台湾商务印书馆 1994 年版。

《道家文化研究》第 3 辑（马王堆帛书专号），上海古籍出版社 1993 年版。

邢文《帛书周易研究》，人民出版社 1997 年版。

高明《帛书老子校注》，中华书局 1996 年版。

余明光《黄帝四经与黄老思想》，黑龙江人民出版社 1987 年版。

庞朴《帛书五行篇研究》，齐鲁书社 1980 年版。

魏启鹏《德行校释》，巴蜀书社 1991 年版。

池田知久《马王堆汉墓帛书五行篇研究》，日本汲古书院 1993 年版。

周一谋、萧佐桃《马王堆医书考注》，天津科技出版社 1988 年版。

魏启鹏、胡翔骅《马王堆汉墓医书校释（壹）、（贰）》，成都出版社 1992 年版。

马继兴《马王堆古医书考释》，湖南科技出版社 1992 年版。

湖南医学院《长沙马王堆 1 号汉墓古尸研究》，文物出版社 1980 年版。

上海市纺织科学研究院、上海市丝绸工业公司《长沙马王堆 1 号汉墓出土纺织品的研究》，文物出版社 1980 年版。

湖南农学院、中国科学院植物研究所、中国科学院动物研究所等《长沙马王堆 1 号汉墓出土动植物标本的研究》，文物出版社 1978 年版。

湖南省博物馆《马王堆汉墓研究》，湖南人民出版社 1981 年版。

湖南省博物馆《马王堆汉墓研究文集》，湖南出版社 1994 年版。

《中国考古文物之美》中的《辉煌不朽汉珍宝—湖南长沙马王堆汉墓》，文物出版社 1994 年版。

# 后　记

　　马王堆汉墓的发掘已过去三十年。三十年是一段不短的时间，而马王堆汉墓这个名字却仍像当初一样刻在人们的心中。它的出土文物每年仍吸引着数十万国内外观众。

　　马王堆汉墓是汉初文明的一个缩影。它充分展现了汉王朝建立到"文景之治"五六十年间移风易俗、黎民淳厚、经济空前繁荣的景象。它从不同角度形象地反映了西汉初期经济、科技、文化等方面发展的实际水平，向人们展示了一幅绚丽多彩而又气势宏大的历史图卷。

　　李学勤先生在为《马王堆汉墓文物》一书所写的序中说："马王堆 1、3 号汉墓的完整实属罕见。墓中种种遗物，保存异常良好。即使是最易朽坏的，如漆器、丝织品之类，也使今人得以目睹原状。加上墓属封侯，身份较高，随葬器物丰盛，于是造成我们得饱眼福的机遇。发现中最有价值的，有完好无损的古尸，有成组成套的物品，还有内容珍秘的帛书、竹木简。这三项有其一，已可说是重要发现，如今三者兼有，在中国考古史上尚没有其他例子。"因此，李学勤先生评价它是"对人们认识古代历史文化起重要影响，改变大家心目中一个时代、一种文化以至一个民族的历史面貌"的"必须载入考古史册的重大发现"。大家可以看到，尽管这些年来，我国有许多项重大考古发现，但至今仍难有一项考古发现能取代马王堆的地位。

马王堆汉墓不仅在中国考古学史上占有无尚崇高的地位，而且在中国学术史、美术史、书法史、工艺史、医药学史上都占有极其重要的地位。马王堆汉墓出土以后，一大批考古学家、历史学家、古文字学家、思想史学家、医学和药物学家、生物学家、农学家、美术史学家、书法史学家、工艺史学家、纺织史学家、地质学家、地理学家、天文学家都投身于与其相关学科的研究，付出了艰辛的劳动，作出了重大的贡献。他们充分利用出土的丰富资料，取得了丰硕的成果。可以毫不夸张地说：至今还没有任何一项考古发现，能够吸引如此众多的学科、如此庞大的学者队伍投身于对其的研究工作之中。原因很简单，因为它有着无比众多的内涵，所以它不论是作为一个20世纪的重大考古发现，还是作为一门揭示汉初文明的综合学问，都有着不可替代的重要学术地位。

我现在呈献给读者的这本书就是参考了各家研究论文和出土文物的有关资料编撰而成的。有些已在行文中注明了出处，有些则将主要参考文献列于书末，用作检索。20世纪70年代，我有幸参与了举世闻名的马王堆汉墓的发掘和资料的整理，但以后主要精力转移到对史前和商周时期考古学研究上，对近二十多年来马王堆汉墓出土文物研究的进展并不了然，只是在执笔写作这本书时才重新阅读和学习，因此错误与不当之处定然很多，希望得到专家和读者的指正。

由于出土文物太丰富，涉及的知识面太广，一些材料还未及整理，例如帛书的资料就还未能全部公布，因此有待深化的研究课题还甚多。特别是字数达十余万的帛书、竹木简，对其研究消化，不是一代学者所能完成的，而它对各种学科的促进影响，更非一时所可估计。因此，还希望有更多的有志于这方面研究的学者去努力探索，以期取得更大更多的成果。

图书在版编目（CIP）数据

马王堆汉墓/何介钧著．--北京：文物出版社，2004.9
（2023.6 重印）

（20 世纪中国文物考古发现与研究丛书）

ISBN 978-7-5010-1555-9

Ⅰ．马…　Ⅱ．何…　Ⅲ．马王堆汉墓-研究　Ⅳ．K878.84

中国版本图书馆 CIP 数据核字（2003）第 117827 号

20 世纪中国文物考古发现与研究丛书

# 马王堆汉墓

著　　者：何介钧

封面设计：张希广
责任印制：张道奇
责任编辑：周　成
出版发行：文物出版社
社　　址：北京市东城区东直门内北小街 2 号楼
邮　　编：100007
网　　址：http：//www.wenwu.com
经　　销：新华书店
印　　刷：河北鹏润印刷有限公司
开　　本：850mm×1168mm　　1/32
印　　张：8
版　　次：2004 年 9 月第 1 版
印　　次：2023 年 6 月第 4 次印刷
书　　号：ISBN 978-7-5010-1555-9
定　　价：40.00 元